KB096018

10억 공부법

✛ 1년에 10억 버는 돈공부 혁명 ✛

10억 공부법

고바야시 마사야 지음 | 김복희 옮김

STUDIO : ODR

| 일러두기 |

1. 원서의 '억을 버는 공부법億を稼ぐ勉強法'을 '10억 공부법'으로 옮겼습니다.
2. 엔화는 알기 쉽게 원화로 환산하여 표기했습니다.

프롤로그

내 나이 스물여덟 무렵의 일이다. 외주로 맡아 하던 일이 끊기는 바람에 한동안 아르바이트로 생계를 꾸려야 했다. 라멘 가게에서 시급 9000원을 받으면서 일했다.

어려운 현실을 어떻게든 돌파해 보려고 비즈니스 서적과 자기계발서를 닥치는 대로 읽고 사업자를 위한 공부 모임에도 참가했다. 하지만 책값과 책 읽는 시간만 축날 뿐 수입은 전혀 늘지 않았다.

가끔 좋은 책을 만나기도 했지만 책을 읽는 동안 심취해 있던 모든 것은 헛된 공상에 지나지 않았다. 잠시 동안 맛본 고양감도 책을 덮고 나면 금세 식고 말았다. 요령과 수완을 습득해도 쓸모를 찾지 못하니 무용지물이었다. 성과도 전혀 없었다. 그렇게 열성적으로 공부에 매달렸지만 통장 잔고는 늘어날 기미가 없었다.

학창 시절부터 나름대로 자신 있었던 공부 실력은 전혀 빛을 발

하지 못하고, 새롭게 치고 올라오는 사람들에게 뒤처져 나의 자존
감은 점점 낮아지고 있었다. 책이나 뉴스로 다른 사람의 성공기를
접할 때마다 현실을 외면하고 '돈이 다가 아니야'라며 자기 합리화
에 빠져 조그만 행복의 고치 속에 틀어박혀 있는 내가 비참하게 느
껴졌다.

'이토록 열심히 공부하는데 왜 나의 수입은 늘지 않는 것일까?'

일터와 집을 오가는 것 빼고는 일체 다른 사람과의 교류를 끊고
은둔 생활을 하던 어느 날, 우연히 한 경영인 공부 모임에 참석하게
되었다. 그 자리에서 나의 초라한 처지를 털어 놓자 억만장자로 유
명한 어느 사장이 이렇게 말했다.

"여긴 너 같은 애송이가 기웃댈 곳이 아냐. 평생 엄마 젖이나 빨
고 살아라."

그저 일정 시간 동안 가게에 머무르면서 시급을 받는 내 처지를
엄마 젖을 빠는 아이에 비유한 독설이었다.

그때 느낀 분통함과 비참함은 이루 말할 수 없다. 이 문장을 치는
지금도 키보드를 박살 내고 싶은 충동이 들 만큼 그때 당시에는 더

욱더 강렬한 분노를 느꼈다. 나의 형편을 비아냥거린 사장에 대한 분노가 아니었다. 초라하기 짝이 없는 나 자신에게 화가 치밀어 견딜 수가 없었다.

나의 가치를 좀먹는 수렁에 빠져 허우적거리던 나는 그 사장이 던진 한마디를 듣는 순간 나락 같은 이 현실을 벗어나겠노라고 결심했다. 곧바로 이런 말이 입에서 튀어나왔다.

"어떻게든 월 1000만 원을 벌고 싶습니다. 사장님, 가르쳐 주십시오!"

그때부터 정기적으로 사장의 집에 드나들면서 가르침을 받았다. 사장이 가르쳐 준 것은 직접적인 돈벌이 수완이 아니라 '공부법'이었다. 그것도 아주 새로운 공부법이었다. 학업 성적을 올리기 위해 암기력과 논리적 사고력을 키우는 데 집중하는 기존의 공부와는, 시작점부터 추구하는 방향까지 완전히 달랐다. 한마디로 말하자면 사업 성적을 끌어올리기 위한, 즉 돈을 많이 벌기 위한 공부법이었다. 핵심은 고객이었다. 고객을 만나서 그가 필요로 하는 가치를 선사함으로써 수익을 무한대로 늘리는 원리였다. 억만장자 사장에게 '공부를 곧바로 돈으로 연결하는 공부법'을 전수받은 것이다.

그는 말단부터 시작해 산전수전 다 겪고 사장직까지 오른 인물이었다. 비록 가방끈은 짧았지만 공부에 대한 열정은 누구보다 뜨거웠다. 타고난 사업 감각의 소유자라고 생각했는데 알고 보니 그 이면에 엄청난 공부량이 숨어 있었던 것이다. 그는 내가 이때까지 해 오던 방법과는 전혀 다른 방법으로 공부했다. 이 책을 통해 그 공부법의 실체를 낱낱이 밝히려고 한다.

결과만 놓고 말하자면 그 공부법을 체화한 이후로 나는 매달 고정적으로 2100만 원씩 벌기 시작해서 이후에는 그 밖의 다른 수입까지 통틀어 3억 원에 달하는 연 수입을 거두게 되었다. 그 뒤로 가속도가 붙어 마침내 연 수입 10억 원을 돌파하기에 이르렀다.

지금은 함께 배우고 일하는 공동체와 호흡을 나누며 보람찬 인생을 살고 있다. 이 모든 것이 억만장자 사장에게 전수받은 공부법을 실천한 덕분이다.

그 당시 나에게 신랄한 비판을 서슴지 않았던 사장들과 선배들이 있었다. 그곳에서 공부한 시간은 나의 미래에 결정적인 영향을 끼친 귀중한 시간이었던 셈이다. 덕분에 "반드시 여기까지 오게나. 기다리겠네"라며 격려해 준 선배들과의 약속을 지킬 수 있게 되었다.

이 책의 주제는 돈 버는 공부법이다. 지금부터 이를 '10억 공부법'이라 칭하겠다. 능력 있는 기업가나 특별한 사람의 성공 신화 같은 것이 아니다. 이 공부법은 누구나 실천할 수 있으며, 누구든지 이 공부법을 통해 수입을 증가시킬 수 있다. 벌써 이 공부법을 터득해 높은 수익을 올리는 경영인들이 수십 명 이상 나오고 있다.

이 공부법을 통해 단순히 돈만 많이 벌겠다고 생각했다면 기대치를 더 높이기 바란다. 부를 일구는 힘은 자신은 물론 주위 사람에게도 행복과 풍요를 안겨다 줄 뿐만 아니라 세상에 도움이 되는 가치를 만들어 내기도 한다. 그 과정에서 소중한 인연을 만날 기회도 많이 생긴다.

10억 공부법은 학업 성적을 올리는 기존의 공부와는 다른 완전히 새로운 공부법이다. 이 공부법은 무형자산에 투자하여 지혜와 신뢰를 돈으로 연결하는 방법을 가르쳐 주는 실용적인 학문이다. 요령 피워 돈을 벌어들이는 잔재주 따위는 이 책에서 찾아볼 수 없을 것이다.

이 공부법을 실천하는 사람들은 해마다 자신의 최고 연봉을 경신하고 있다. 한번 체득한 공부법은 퇴직하거나 이직해도 사라지지 않을 뿐만 아니라 도둑맞을 위험도 없다. 인생을 살아가고 사업을 운용하는 데에 가장 유용하고 강력한 기술이 되어 줄 것이다.

화폐와 달리 무형자산은 공유해도 줄어들거나 사라지지 않으며 주고받는 사람 모두가 더욱더 풍요로워진다. 그렇지 않다면 나 역시 이 책을 통해 독자들에게 10억 공부법을 전수할 이유가 없다.

책 후반부에 등장하는 억대 연봉을 달성한 네 사람의 사례는 이 공부법을 통해 누구나 부자가 될 수 있다는 사실을 증명한다. 그들은 특출한 재능도 없고 금수저로 태어나지도 않았다. 모두 배움을 통해 인생을 혁신하고 자신의 주가를 스스로 끌어올린 사람들이다.

물론, 당신도 할 수 있다.

이제부터 10억 공부법을 배워 보자!

CONTENTS

프롤로그   005

CHAPTER1
누구나 경제적·시간적 자유를 얻을 수 있다

01   지식 비만증에 걸린 사람들   017

02   세계 일주와 10억 원, 동시에 가능할까?   024

03   가난한 사람의 치명적인 실수   027

04   평범한 사람도 10억 원 플레이어가 될 수 있다   033

05   일단 우물 안에서 나와라   036

CHAPTER2
10억 공부법의 6가지 키워드

01   고객 성공   041

02   선독학 후수강   044

03   성공 노트   047

04   PDCA 체크리스트   051

05   멘토   054

06   커뮤니티   060

CHAPTER3

10억 원 플레이어가 되기로 결단하라

01 1년에 400명의 비즈니스맨과 만나며 알게 된 것   065

02 인생 목표 리스트를 만들자   070

03 지금의 현실을 부정하는 것부터 시작하자   073

04 나를 위한 장례식을 치르자   075

CHAPTER4

당신이 10억 원 플레이어가 되지 못하는 이유

01 진정으로 결단하지 않았다   079

02 모방할 롤모델이 없다   083

03 싫어하는 일에 얽매여 있다   087

04 자기중심적으로 생각하고 공부한다   090

05 자기 직업의 유효기간을 모른다   094

06 돈에 집착한다   097

07 타인을 지나치게 의식한다   099

08 부자로서의 자기 이미지를 확립하지 않았다   103

09 프로 의식을 갖추지 않았다   105

10 에너지가 분산되어 있다   113

11 수익 창출 사이클을 구축하지 않았다   115

CHAPTER5

10억 원을 낳는 성공 노트 만들기

01 당신은 무엇을 돈과 교환하고 있습니까?   119

02 무형자산이 수익을 창출한다   123

03 무형자산을 무한대로 늘리는 비법   128

04 성공 노트 작성법   134

05 1인 미디어로 전달하라   145

CHAPTER6

돈 버는 근육을 기르는 4단계 학습 사이클

01 수익이 늘지 않는 것은 당신 잘못이 아니다   155

02 돈 버는 근육을 기르는 4단계 학습 사이클   160

CHAPTER7

10억 원 플레이어로 거듭나는 커리어 전략

01 지식을 교육 콘텐츠로 만들어 팔자   179

02 당신의 지식을 교육 콘텐츠로 만드는 5가지 방법   185

CHAPTER8

10억 공부법으로 10억 원 플레이어가 된 사람들

01   소소한 행복으로 도피하지 마라   201

02   10억 공부법으로 10억 원 플레이어가 된 사람들   203

에필로그   213

CHAPTER 1

누구나 경제적·시간적
자유를 얻을 수 있다

이 책을 선택한 독자는 분명 공부에 열의가 있는 사람일 것이다. 특히 자기계발에 힘쓰는데도 수입은 그대로인 사람이라면 이 책을 꼭 일독하기를 권한다. '10억 공부법'을 터득한다면 공부하면 공부할수록 부자가 되는 수익 창출 사이클을 실제 당신의 삶에서 그릴 수 있게 된다. 나는 물론이고 나의 고객들도 이 방법을 통해 경제적·시간적 자유를 획득했다. 그것도 3개월에서 6개월이라는 아주 짧은 시간 안에 말이다.

지식 비만증에
걸린 사람들

인터넷 덕분에 누구나 손쉽게 지식을 얻을 수 있는 시대가 되었다. 검색만 하면 원하는 정보가 쏟아져 나온다. 학교에서 시험 볼 때 스마트폰을 사용하는 것이 허용된다면 만점자가 수두룩하게 나올 것이다. 그런데 그런 식으로 시험 점수가 올랐다고 해서 학생의 학업 능력이 우수해졌다고 판단할 수 있을까?

만년 다이어터인 사람이 있다. 그는 과일 다이어트, 당질 제한 다이어트, 원푸드 다이어트, 고단백 저탄수화물 다이어트, 명상 다이어트를 비롯한 온갖 다이어트 방법을 섭렵하고 있었다. 그런데도 살은 좀처럼 빠지지 않았다. 체중은 그대로지만 다이어트에 관한 지식이라면 누구보다 많이 알고 있는 그, 과연 훌륭한 다이어터라고 할 수 있을까?

우리가 가진 정보의 양은 10여 년에 비해 몇 배, 아니 수십 배 가까이 늘어났다. 그러나 필요한 정보를 얻기 쉬워진 데 비해 눈앞의 현실에는 별다른 변화가 없다. 아는 것과 실천하는 것은 전혀 다른 차원의 문제이기 때문이다. 정보의 늪에 빠지면 빠질수록 오히려 원하는 결과에서 멀어지는 듯한 기분을 한 번쯤 느껴 봤을 것이다.

방금 언급한 만년 다이어터는 바로 나다. 나는 현재 5년 동안 표준 체중을 유지하고 있다. 이제는 스스로 체중을 조절할 수 있지만 다이어트에 성공하기 전에는 어떻게 해야 살이 빠지는지 이론으로는 빠삭해도 체중 감량은 먼 나라 이야기였다. 이처럼 많은 사람이 머리로는 알지만 아는 것을 행동으로 옮기기는 어려워한다. 비단 다이어트에만 국한된 이야기가 아니다. 돈, 사업, 인간관계를 비롯한 모든 면에 걸쳐 이런 문제가 나타난다. 한마디로 '지식 비만증'에 걸린 것이다.

반면 우리 주변에는 남다른 감각을 타고난 능력자도 소수지만 존재한다. 예전에는 가뿐하게 성과를 내는 능력자들을 동경하면서도 나와 비교해서 질투하고 좌절했다. 불안한 마음에 책을 사고

또 사서 탐독하며 지식을 쌓아 갔지만 현실은 바뀌지 않았다. 그사이 돈과 시간만 허비하고 말았다.

이 책을 선택한 독자는 분명 공부에 열의가 있는 사람일 것이다. 특히 자기계발에 힘쓰는데도 수입은 그대로인 사람이라면 이 책을 꼭 일독하기를 권한다. '10억 공부법'을 터득한다면 공부하면 공부할수록 부자가 되는 수익 창출 사이클을 실제 당신의 삶에서 그릴 수 있게 된다. 나는 물론이고 나의 고객들도 이 방법을 통해 돈과 시간을 허비하는 악순환에서 빠져나와 경제적·시간적 자유를 획득했다. 그것도 3개월에서 6개월이라는 아주 짧은 시간 안에 말이다.

맨몸으로 자수성가한 억만장자 사장이 가르쳐 준 10억 공부법은 내 인생을 바꾸어 놓았다. "자네가 학교 성적은 제법 좋았을지 몰라도 사업 성적은 밑바닥일세!" 그의 일침에 자존심을 접고 한 수 가르쳐 달라고 부탁한 것이 내 인생의 전환점이었다. 그렇게 사장에게 전수받은 10억 공부법을 실천한 결과, 그저 평범한 사람에 지나지 않았던 내가 지금은 경영인 전문 교육가로서 집필과 강의, 컨설팅을 병행하면서 연 수입 10억 원 이상을 거두고 있다. 그뿐만이 아니다. 한 달에 한 번씩 아내와 해외여행을 다닐 정도의 시간적 여유까지 보장받고 있다.

당신도 10억 공부법을 완전히 터득하면 공부할수록 수입이 늘어나는 놀라운 경험을 하게 될 것이다.

정보를 소비하는 사람, 수익으로 연결하는 사람

인터넷과 스마트폰의 발달로 누구나 정보를 무상으로 이용하는 세상이 열렸다. 공짜로 영상도 보고 게임도 즐긴다. 페이스북, 인스타그램, 트위터 등 각종 SNS 피드의 스크롤을 내리는 것이 현대인의 여가 시간 중 상당 부분을 차지하고 있다. 하지만 '세상에서 가장 비싼 것은 공짜'라는 말이 있는 것처럼 그 누구도 '이 세상에 공짜는 없다'라는 자명한 법칙을 결코 비껴가지 못한다.

유튜브에 올라오는 수많은 영상을 보는 일은 공짜인 것 같지만 사실 보는 이가 공짜로 일을 해 주고 있는 셈이다. 우리가 광고를 포함한 영상 콘텐츠를 봄으로써 발생하는 수익이 유튜브와 크리에이터에게 돌아가기 때문이다. 유튜브뿐만이 아니다. 요즘 웬만한 미디어 플랫폼에서는 대부분 이와 같은 비즈니스 모델을 활용하고 있다.

이 이야기를 친구에게 들려주자 "하루에 3시간씩 트위터를 하고 유튜브를 보는데, 그럼 내가 매일 3시간 동안 공짜로 일을 했다는 거야?"라며 충격을 받았다. 그 친구는 하루에 3시간, 한 달에 90시간, 1년이면 1000시간 이상 미디어 플랫폼과 콘텐츠 크리에이터를 위해 공짜로 일한 셈이다.

그동안 소중한 내 시간과 에너지가 남의 배를 불리는 데에 쓰였다는 사실을 깨닫는다면 미디어를 대하는 태도가 조금은 달라질 것이다. 유튜버가 올린 영상은 조회수가 올라갈 때마다 꾸준히 수익을 낸다. 당신은 영상을 보는 동시에 그 유튜버를 위해 공짜로 일을 하는 것이다. 정보를 얻는다는 명목으로 자신의 돈과 시간을 바치는 일이나 다름없다. 정보가 폭포처럼 쏟아지는 세상에 살고 있는 만큼 정보를 그저 수동적으로 소비하느냐, 주체적으로 활용하느냐에 따라 인생이 180도 달라질 것이다.

이처럼 세상에는 정보를 소비하는 사람과 정보를 수익으로 연결하는 사람이 있다. 정보를 수집하여 새로운 가치를 만들어 내고 고객에게 그것을 제공한다면 당신도 정보를 수익으로 연결하는 사람이 될 수 있다. 이 책을 읽고 공부하면서 경제적·시간적 자유에 한 걸음 더 가까워지기를 바란다.

당신의 독서는 투자입니까, 도피입니까?

지식 비만증에 걸리는 것은 독서가들도 예외가 아니다. 책을 읽는 일이 무조건 도움이 되는 것은 아니다. 독서도 시간과 비용을 날리는 행위가 될 가능성이 충분히 있다. 그렇게 되지 않으려면 책을 읽기 전에 목적을 명확히 설정해야 한다. 독서의 목적은 크게 둘로 나뉜다. 바로 '투자형'과 '도피형'이다. 자신의 독서가 어디에 속하는지 스스로 진단해 보자.

'지금의 나를 바꾸고 싶기는 한데 어디서부터 어떻게 시작해야 할지 잘 모르겠어. 마음의 준비도 아직 덜 된 것 같아. 이런 나를 이해해 줬으면 좋겠어. 공감과 위로가 필요해.'

이런 생각으로 책을 고르거나 읽는다면 당신은 주로 도피형 독서를 하고 있을 가능성이 높다. 구체적인 문제 해결법이 담긴 책보다는 지금 내 처지를 헤아려 주고 미래에 대한 희망을 주는 책에 더 손이 갈 것이다. 마음이 힘들 때는 이런 책이 훌륭한 도피처가 된다.

반면 투자형 독서란 구체적인 행동 변화가 뒤따르는 독서다. 독서가 자신을 위한 투자가 되려면 독서에 들인 금전적·시간적 비용 대비 돌아오는 이익이 커야 한다. 책을 읽고 나서 변화를 얼마나 끌어내느냐에 따라 투자의 성패가 갈린다.

예를 들어 창업에 관한 책을 읽은 후에도 아무런 행동이 뒤따르지 않는다면 독서에 들인 시간과 돈은 물거품이 되고 만다. 반면 스스로 행동해서 변화를 이루겠다는 각오로 독서에 임한다면 저자가 평생에 걸쳐 깨달은 지혜를 얻을 수 있다. 독자의 변화는 저자에게 더할 나위 없는 보람을 안겨 주고, 책을 지식 교류의 장으로 거듭나게 해 준다.

나도 지식 비만증을 앓던 과거에는 도피형 독서에 빠져 살았다. 억만장자 사장을 만난 이후로 독서 습관을 바꿔 투자형 독서를 시작하면서 삶에 큰 변화가 일어나기 시작했다.

세계 일주와 10억 원,
동시에 가능할까?

이 책에서는 결단의 중요성을 누누이 강조할 것이다. 결단이야말로 성공을 실현하는 열쇠이기 때문이다. 나 역시 결단을 내리고부터 인생이 바뀌었다.

우리 부부가 결혼을 전제로 이제 막 신혼살림을 꾸린 때였다. 어느 날 자주 가는 카페에서 평소처럼 아내와 이야기를 나누다가 물었다.

"원하는 대로 뭐든지 이뤄진다면 뭘 하고 싶어?"

아내의 대답은 '세계 일주'였고 나의 답은 '연 수입 10억 원 달성'이었다. 그리 특별할 것 없는 대화였지만 10억 공부법을 가르쳐 준 스승님의 한마디가 내 입에서 불쑥 튀어 나왔다.

"미래는 결단하면 실현되기 마련이야. 세계 일주와 연 수입 10억 원, 둘 다 잡겠어."

아내와 나는 그렇게 각자의 꿈을 함께 실현하기로 결심했다. 그로부터 정확히 1년이 지나 우리 부부는 유럽 여행길에 올랐다. 여행의 일상화를 바탕으로 매달 2주간은 해외에서 지내고 나머지 2주 동안은 일본에서 일하는 생활을 했다.

연 수입 10억 원의 꿈은 결단을 내리고부터 불과 반년 만에 달성했다. 그사이 출간한 첫 책《나의 가치를 최대화하는 기술自分を最高値で売る方法》을 읽은 일본 전역의 독자들이 '덕분에 창업에 성공했다', '부당한 처우를 개선하고 높은 가치를 인정받았다' 등의 반가운 소식을 전해 왔다.

나는 현재까지도 집필 및 강의 활동과 컨설팅을 병행하며 연간 10억 원 이상 벌고 있다. 그리고 반년 동안 아내와 전 세계를 여행하며 촬영한 영상을 결혼식에서 공개했다. 결혼식에서 이 영상을 선보이기까지 일련의 과정을 늘 머릿속에 그리고는 했다. 식장의 분위기와 하객들의 미소는 내가 꿈꾼 그대로였다. 1년 전에 결단한 미래가 눈앞에 나타난 것이다. 이 과정을 차례차례 밟으면서 인생이란 자아실현을 추구하고 뜻이 맞는 인연을 만나는 과정임을 깨달았다. 직접 운영하는 공식 사이트에 비즈니스 정보뿐만 아니라 개인적인 이야기를 틈틈이 올리는 것도 이때 확립한 인생관에서 비롯된 활동이다.

특출한 면이라고는 전혀 없었던 내가 10억 공부법을 통해 세계일주와 연 수입 10억 원 달성이라는 두 마리 토끼를 모두 잡은 사실은 그 자체로 이 공부법의 효과를 증명하는 셈이다. 나는 처음부터 10억 공부법을 통해 꿈을 이루게 된다면 이 공부법이 구체적으로 어떻게 나를 자아실현의 길로 이끌었는지, 그리고 어떻게 공부법을 체화하여 지속적으로 실천할 수 있었는지에 대한 이야기를 책으로 엮어야겠다고 다짐했다. 내가 해낼 수 있을 거란 믿음이 있었다.

만약 내가 목표를 달성하지 못했다면 이 책은 세상에 나오지 못했을 것이다. 지극히 평범한 사람인 내가 산 경험으로 검증한 만큼 이 책을 읽고 있는 당신도 10억 공부법을 통해 부자가 되고 꿈을 이룰 수 있다. 이 사실을 믿어 의심치 말기를 바란다.

03

가난한 사람의
치명적인 실수

10억 공부법은 자신이 속한 분야에서 성과를 거둬 수입과 자산을 키우려는 이들을 위한 것이다. 그런데 많은 사람들의 머릿속에 박혀 있는 뿌리 깊은 고정관념이 그들의 앞길을 막고 있다. 그것은 바로 학창 시절 학업 능력이 떨어졌던 사람은 미래의 성공을 보장받지 못한다는 생각이다. 즉 학교 공부에 흥미가 없거나 공부를 못했던 사람은 사회적·경제적으로 성공하기 어렵다는 생각인데 이는 사실과 전혀 다르다. 학창 시절의 화려한 성적표가 사회적 성공까지 보장하는 것은 아니다.

학업 능력과 사업 능력은 사뭇 다르다. 학업 능력을 키우는 공부는 지식량을 늘릴 순 있어도 돈이 되지는 않는다. 사업 능력을 키우는 공부는 고객에게 가치를 선사하는 역량에 집중한다. 회사의 매출이나 개인의 보수는 전적으로 고객에 의해 발생하기 때문이다. 고객의 니즈를 정확하게 파악하고 얼마나 충족시킬 수 있느냐에 따라 사업의 성패가 갈린다.

학교 공부의 연장 선상에서 바라보면 지식량을 늘리는 것이 곧 성장이라고 오해하기 쉽다. 그러나 지식 위주의 공부는 '지식 과잉', '정보 비만증'을 유발하고 돈과 시간을 축낼 뿐이다. 이 책의 목적은 고객에게 가치를 선사하는 것이 곧 나의 성장임을 새로이 인식하고 사업 역량을 강화하는 것이다.

학업 성적 : 지식을 늘리는 것 = 성장 (정보 비만증)

↓

사업 성적 : 고객에게 가치를 선사하는 것 = 성장 (사업 역량 강화)

학업 성적과 사업 성적의 상관관계

책을 읽고 세미나를 쫓아다니며 열심히 배우는 것에 비해 사업 성적이 신통치 않은 사람을 발견한다면 정보 비만증이라고 넌지시

귀띔해 주자. 나 역시 과거의 공부법을 고집할 적에는 지식으로 모든 문제가 해결되리라 생각했다. 그러나 학교의 우등생이 반드시 사회의 우등생은 아니다. 다시 말하지만 학업 성적표와 사업 성적표 간에는 별다른 상관관계가 없다.

학업 능력은 기존에 있던 지식과 정보를 정리해 오류 없이 문제에 신속하게 응답하는 능력이다. 이를테면 암기력과 논리적 사고력을 꼽을 수 있다. 그러나 인간의 암기력은 방대한 정보를 실시간으로 제공하는 구글을 당해 내지 못하고 연산 능력은 계산기를 따라가지 못한다. 논리적 사고력 또한 빅데이터를 바탕으로 학습하는 인공지능과 경쟁하면 승산이 없다. 학교에서 인정받았던 능력들이 사회에 나가서는 힘을 쓰지 못하는 것이다.

자격이 필요한 직업군도 마찬가지다. 자격화된 직업은 표준화된 직업이다. 전문직처럼 표준화된 지식 활동을 기반으로 하는 직업은 인공지능에 빠르게 대체되고 있다. 심지어 디자인도 AI가 한다. 2018년에 이미 인공지능이 디자인한 옷이 나왔다.

현재 비즈니스 업계에서는 학력과 자격증 대신 연 수입이 그 사람의 경제적 가치를 판단하는 지표로 활용되고 있다. 이제는 학업 성적이 아닌 사업 성적으로 승부수를 띄울 때다.

참고로 나는 '공부'보다 '학습'이라는 말을 더 선호한다. 공부는 다른 사람에게 지식을 배우는 수동적인 인상이 강하다. 반면에 학습은 원하는 성과를 위해 스스로 지식을 습득하고 실천하여 현실을 바꿔 나간다는 주체적인 인상이다. 학업 능력을 올리고자 한다면 공부만으로도 문제없겠으나 사업 능력을 키우고자 한다면 실천이 뒤따르는 능동적 학습이 절실하게 요구된다.

공짜 지식은 밥 먹여 주지 않는다

나의 고객 중에는 세미나 강사나 비즈니스 서적을 집필한 저자도 있다. 갈수록 수입이 줄어든다는 것이 이들의 공통된 고민거리다. 수입이 감소하는 원인은 크게 2가지다.

첫째, 인터넷으로 인해 지식정보의 비대칭성이 사라지면서 지식에 돈을 지불하는 사람이 급격히 감소했기 때문이다. 요즘 사람들은 정보가 필요하면 일단 유튜브나 SNS를 찾는다. 운동, 요리, 외국어, 프로그래밍에 이르기까지 모든 분야에 걸쳐 양질의 정보가 인터넷에 가득하다. 마음만 먹는다면 돈 한 푼 들이지 않고 지식을 얻을 수 있다.

둘째, 단순히 아는 것만으로는 삶에 변화가 일어나지 않는다는 사실을 대중이 이미 알고 있기 때문이다. 실제로 대중은 단순 정보성 콘텐츠보다 체험형 콘텐츠에 지갑을 여는 추세다. 일일 쿠킹 클래스, 온라인 명상 수업 등이 인기를 얻고 있는 이유다. 다이어트를 위한 식이요법, 운동법 등에 대해 보고 듣는다고 한들 행동이 따르지 않으면 살은 빠지지 않는다.

출간하는 책마다 줄줄이 성공시킨 편집자에게 물어보니 출판계도 사정이 다르지 않다며 요즘 대세는 '구체적인 행동법이 담긴 책'이라고 일러 줬다. 독자 눈높이에서 무엇을 어떻게 하면 어떤 성과를 거둘 수 있는지 구체적인 방법을 제시하여 명확한 혜택을 주는 책이 인기가 많다는 것이다.

같은 이야기를 유창하게 반복하기만 하는 강사와, 독자들이 이미 알고 있는 지식을 늘어놓는 저자는 인터넷에서 무료로 이용할 수 있는 무궁무진한 지식에 밀려 도태되는 수순을 밟는다.

사람들은 자신의 생각과 행동을 바꿔 이전과 다른 성과를 내게 해 주는 경험에 생각보다 큰 돈을 쓴다. 피트니스 센터도 단순히 운동 공간만 대여하는 방식으로 나가면 매출이 떨어진다. 스마트폰 앱이나 유튜브를 활용해 홈 트레이닝을 하는 사람들이 늘어난 까닭이다. 반면 성과 결합형 피트니스 센터 같은 경우는 고객들이 회당 10만 원이 넘는 높은 비용을 감수하면서도 꾸준히 찾는다.

수업 듣는 것은 시간 낭비다

비즈니스 세미나를 무턱대고 전전하는 것은 아무 도움이 안 된다. 특히 지식 전달형 세미나는 더더욱 그렇다. 공부는 자기가 편한 시간에 책이나 유튜브 영상을 이용하는 것이 오히려 훨씬 효율적이다.

연 수입 10억 원 달성을 목표로 삼았다면 그 누구보다 철저한 시간관념을 갖춰야 한다. '그 자리에 가면 뭐라도 얻는 게 있겠지'라는 안일한 생각으로 참석했다면 오가는 길에 돈과 시간을 뿌리고 온 것이나 다름없다.

획일화된 기성 교육에 물들어 있다면 수업을 듣는 것이 곧 공부라 여기기 쉽다. 그러나 강사와 직접 대면하는 목적은 지식 습득이 아니라 과제 해결을 위한 피드백과 토론, 즉 쌍방향 소통에 있다. 최근 온라인 회의 플랫폼을 활용해 코칭과 컨설팅 서비스를 제공하는 업체가 늘어난 것도 이러한 변화에 따른 결과다.

일방향 지식 습득의 경우 자기 편의에 따라 반복 학습이 가능한 온라인 강의를 듣는 편이 훨씬 높은 효율을 낼 수 있다. 이때 스스로 정보를 습득하려는 능동성이 필요하다. 수입을 꾸준히 늘리는 사람은 과제 해결에 필요한 지식과 정보를 발 벗고 찾아 나선다.

04

평범한 사람도
10억 원 플레이어가 될 수 있다

지극히 평범한 사람인 내가 무일푼으로 시작해 연 수입 10억 원을 달성할 수 있었던 것은 10억 공부법을 실천한 덕분이다.

대학을 졸업하자마자 들어간 회사를 그만두고 나서는 외주 일을 받아 간신히 생계를 유지했는데 그러다가 외주 일감마저 끊기고 나서는 아르바이트로 먹고사는 프리터족 신세가 되고 말았다. 그때 내 나이 28세, 지인들로부터 한창 청첩장이 쏟아졌으나 형편상 축의금을 마련하기도 어려운 시절이었다.

그때 만약 나에게 10억 공부법을 가르쳐 준 억만장자 사장을 만나지 못했다면 내 인생은 지금과는 많이 다른 모습일 것이다. 사장과의 만남이 경제적 자유로 가는 여정의 시작이자 인생의 경로를 바꾼 계기가 되었다.

나는 이 책을 통해 당신에게 '경제적 성공'이라는 결과를 손에 넣을 수 있는 공부법을 알려 줄 것이다. 우리의 목표인 경제적 성공을 나타내는 지표 중 하나가 연 수입이다. 그래서 이 책에서는 연 수입 10억 원을 기준으로 이 목표를 달성해 경제적 성공을 이룬 사람을 '10억 원 플레이어'로 지칭할 것이다. 스포츠계에서도 10억 원 플레이어는 일류 선수임을 입증하는 증거다.

당신이 운동에 특별한 재능이 없는 보통 사람이라면 스포츠계에서 10억 원 플레이어가 되는 것보다 비즈니스 업계에서 10억 원 플레이어가 될 가능성이 훨씬 크다. 다른 분야와 달리 비즈니스 업계에서는 평범한 사람이 10억 원 플레이어가 될 확률이 높다.

스포츠계는 좁은 문이다. 우승 상금 10억 원을 건 대회가 개최되지만 상금을 거머쥘 수 있는 사람은 우승자 단 한 사람뿐이다. 2위부터는 순위가 내려갈수록 상금 액수가 크게 낮아진다. 하지만 비즈니스 업계에서는 상대적 순위가 아닌 고객에게 제공하는 가치의 크기에 따라 수입이 결정된다. 그러므로 고객이 필요로 하는 가치를 찾아 고객의 손안에 쥐여 주기만 한다면 누구나 10억 원 플레이어가 될 수 있다.

모방은 성공의 지름길

모방은 그 자체로 미덕이다. 성공으로 가는 가장 빠른 길이 바로 성공한 사람을 따라 하는 것이기 때문이다. 성공 원칙을 설정하고 모방의 효과를 극대화하면 비즈니스 세계에서 가뿐히 10억 원 플레이어가 될 수 있다. 나 역시 성공 가도를 달리는 선발 주자가 세운 원칙을 철저하게 지키고 방법까지 따라 하면서 사업 역량을 키웠다.

내가 가르친 수강생 가운데 단기간에 성과를 내는 사람들은 성공 원칙을 잘 지키면서 나의 기술을 치열하리만큼 열심히 모방했다는 특징이 있다. 뿐만 아니라 10억 공부법을 자신의 전문 분야에 적용하고 응용하여 독자적인 부가가치를 창출했다. 그들은 고객이 큰돈을 지불하면서 만족감까지 느끼는 가치를 찾아내고 그것을 바탕으로 사업을 구축해 연 수입 10억 원을 달성하는 데 성공했다.

연 수입 10억 원을 목표로 한다면 원조냐 아류냐를 따질 필요가 없다. 시간만 아까울 뿐이다. 10억 원 플레이어로 비즈니스의 바다를 순항하는 선배들에게 아이디어를 얻고 그 아이디어를 자신의 전문 분야에 응용하여 특유의 기술을 개발하는 것으로도 충분하다.

05

일단 우물 안에서 나와라

10억 공부법을 본격적으로 배우기 전에 유념해야 할 사실이 하나 있다. 목표 달성을 다짐하는 이 순간에는 거기까지 가는 방법을 몰라도 괜찮다는 것이다. 지금 시작점에 서 있는 독자 여러분은 손에 잡히지 않을 듯한 목표까지 가는 길이 어쩌면 까마득하게 느껴질 수도 있다. 그러나 내가 이제껏 만난 수십, 수백 명의 자수성가형 부자들 또한 꿈과 목표에 집중했을 뿐 처음부터 달성하는 방법을 알았던 건 아니라고 입을 모아 말했다.

여러분은 보통의 월급쟁이가 아닌 '10억 원 플레이어'를 목표로 하고 있다. 목표가 크면 클수록 달성 방법을 모르는 것이 당연하다.

가 본 적 없는 길이기 때문이다. 방법은 앞서간 사람에게 배우면 그만이다. 당신이 목표한 성과를 거두는 데 필요한 재능은 알맞은 시기에 자연히 꽃을 피울 것이니 미리 사서 걱정할 필요는 없다.

오로지 성과에 집중한다면 10억 원 플레이어로 거듭날 수 있다. 지금 내가 어떻게 할 수 없는 부분은 제쳐 두고 내가 할 수 있는 것에 집중하면 자신도 몰랐던 잠재력이 발현될 것이다.

마음의 준비를 하고 아래의 빈칸을 채워 넣자. 미래에 성공을 거머쥘 나 자신과 나누는 약속이다.

그럼 이제부터 10억 공부법을 시작해 보자.

"나 _____ 은/는 10억 원 플레이어가 될 것이다."

20 년 월 일
서명 :

CHAPTER 2

10억 공부법의
6가지 키워드

빠르게 돌아가는 현대사회를 살아가는 우리에게 충분하고 여유로운 시간이란 꿈같은 소리다. 빠듯한 각자의 시간 예산 속에서 효율적으로 10억 공부법을 시작하고 싶다면 이 6가지 키워드를 꼭 기억하기 바란다.

10억 공부법의 6가지 키워드

 고객 성공

 선독학 후수강

 성공 노트

 PDCA 체크리스트

 멘토

커뮤니티

01

고객 성공

"병원을 위해 환자가 존재하나? 환자를 위해 병원이 존재하나? 보통 사람들은 이조차도 분간을 못 한다네." 다니던 회사를 그만두고 아르바이트로 생계를 유지하고 있을 때 억만장자 스승에게 들은 말이다. 그리고 이 한마디가 평생 가지고 있었던 일과 돈에 대한 나의 고정관념을 바꿨다.

돈을 버는 사람과 못 버는 사람의 가장 큰 차이는 공부의 방향성이다. 고객을 외면한 채 자기 만족감만 얻으려는 사람은 무가치한 공부에 돈과 시간을 허비한다. 뿐만 아니라 근심도 늘어난다. 고객에게 초점을 두지 않는 공부는 절대 수익으로 이어지지 않기 때문이다. 수익은 전적으로 고객 만족도에 따라 발생하는 것이다.

따라서 이제 사고를 전환해야 한다. 고객과 나의 방향성을 합치시키는 것이 무엇보다 중요하다. 고객의 성공이 곧 나의 성공이다. 이 공식을 이해하는 사람만이 차근차근 수입을 불려 나간다.

성공하는 방법, 부자가 되는 방법을 알려 주는 새로운 자기계발서가 매일같이 쏟아지고 있으나 그 책을 읽고 실제로 성공을 맛보는 독자는 극소수에 불과하다. 이유는 명확하다. 대다수의 독자가 자기중심적으로 책을 보기 때문이다. 그러고는 특별한 변화를 이루지 못한 채 또다시 서점의 자기계발서 코너를 배회한다. 자신의 꿈과 목표에 대해서는 열변을 토하면서 고객과 회사에 어떤 가치를 제공할 것인가에 대해서는 침묵한다. 이런 사고방식을 바로잡지 않으면 재정 상태를 결코 개선할 수 없다.

기준은 내가 옳고 좋다고 생각하는 것이 아닌 고객이 추구하는 가치여야 한다. 간단한 원칙이자 비즈니스계의 진리다. 그러나 단순히 아는 것과 행동으로 옮기는 것 사이에는 엄청난 간극이 있다. 당신이 지식을 쌓기만 하는 지식파인지, 공부한 것을 바로 적용해 변화를 만드는 행동파인지는 이때까지의 재정 상태를 보면 알 수 있다. 10억 공부법을 배운 후 3개월간 수입 추이를 보면 더 명확하게 눈에 들어올 것이다. 당신이 여전히 자기중심적인 상태에 머물러 있다면 수입 추이는 하향 곡선을 그릴 것이고 고객 중심의 관점으로 변화했다면 상향 곡선을 그릴 것이다. 수입에 따라 마음에도 변화가 생긴다. 고객 중심이라면 지혜가 솟아나고 자기중심이라면 근심이 늘어난다.

02

선독학 후수강

선독학 후수강 학습법이란 수강식 학습과 자율 학습의 순서를 뒤바꾸는 방법이다. 이 방법으로 학생의 능력과 학습 진도에 따른 맞춤형 교육을 실현할 수 있다. 뒤처지는 사람에게 맞출 필요도 없고 앞서가는 사람에게 떠밀려 낙오될 우려도 없다.

지식 전달 위주의 세미나에 가면 시간과 돈을 낭비할 공산이 크다. 기존의 학교 수업도 독학이 가능한 학생에게는 매우 비효율적이다. 지식은 책과 온라인 강의를 통해서도 충분히 습득할 수 있기 때문이다.

강사나 멘토는 스스로 해답을 찾지 못하거나 새로운 시각으로 목표를 세워야 할 때 필요한 것이다. 도움이 필요하다면 강의를 듣는 것보다 따로 피드백을 받거나 그룹 토론에 참석하는 편이 낫다.

단기간에 10억 원 플레이어가 되고 싶다면 시간을 최대한 밀도 높게 활용해야 한다. 사람들은 대개 시간을 쓰지 않아도 될 일에 시간을 쓰고, 정작 시간을 들여야 할 일에는 효율성 운운한다. 발품 파는 시간을 최소화하되, 스스로 질문을 던지고 골몰하는 시간은 아낌없이 투자해야 한다. 안이한 태도로 세미나에 참석하기보다 카페에 들어앉아 낑낑거리며 자신의 과제와 씨름하는 편이 훨씬 유익하다.

해답 없는 질문에 끝없이 도전하고 사유하는 능력을 키우지 않으면 금세 AI에게 잠식당하는 시대다. 답이 있는 질문에 답을 하는 사람은 언제든지 대체될 수 있다. 대체 가능한 인력의 가치는 앞으로도 점점 떨어질 것이다.

얄팍한 마음가짐으로는 기존의 학교 교육에서도 배울 것이 없다. 하지만 정신 차리고 변화를 다짐하는 순간 인생을 바꿀 힘이 생겨난다. 이제부터 선독학 후수강 학습법을 적용하여 학습 사이클의 회전 방향을 바꿔 보자.

현재 나는 선독학 후수강 학습법을 기반으로 한 세미나를 운영하고 있다. 세미나에서 나는 일방적인 강의를 하는 것이 아니라 참석자들의 질문에 답해 주고 그들의 고민을 함께 해결하는 데에 집중한다.

가끔씩 나도 사업 마케팅에 필요한 지식을 얻기 위해 강의를 들으러 가기도 한다. 단 가기 전에는 책과 온라인 강의를 통해 예습을 철저히 하고 간다. 예습을 한 사람과 안 한 사람이 강의에서 얻는 지식과 인사이트의 격차는 대단히 크다.

그러므로 앞으로 세미나에 참석할 때는 미리 관련 지식을 습득해 두자. 질문을 준비해 놓으면 더욱 효과적이다. 강사에 대한 예의를 갖추라는 뜻이 아니다. 학습 시간의 밀도를 최대한 끌어올리라는 이야기다.

책은 지식과 정보를 체계적으로 이해하는 데 적합한 도구이나 일방향 미디어라는 특성상 소통이 불가능하기 때문에 선독학의 수단으로 활용하고 모자란 부분은 후수강에서 보충하는 것이다.

03

성공 노트

메모는 부자들의 절친한 파트너다. 10억 원 플레이어가 되려면 이 메모라는 도구를 적극 활용해야 한다. 노트를 한 권 마련해 '성공 노트'라 이름 붙이자. 그런데 여기서 잠깐, 성공이란 누구의 성공을 말하는 것일까?

이 지점에서 발상의 전환이 필요하다. 바로 고객이다. 성공 노트 라고 하면 대체로 자신의 꿈과 성공을 먼저 떠올린다. 그러나 비즈 니스 불변의 법칙은 고객에게 가치를 선사하는 사람만이 그에 상 응하는 대가를 보수로 받는다는 것이다. 그러므로 성공 노트는 고 객의 성공이 무엇인지 정의하고 고객의 성공을 달성하기 위한 구체적인 방법을 구상하는 용도가 되어야야 한다.

10억 공부법은 한마디로 고객을 성공으로 이끄는 데에 필요한 공부를 하는 것이다. 앞서 말했듯이 고객의 성공이 곧 나의 성공이다. 고객을 성공시키면 덩달아 나의 성공도 따라오는 것이다. '사람은 자기 일에는 갈피를 못 잡아도, 고객의 일에는 어떻게든 방법을 찾기 마련이다'라는 말이 있다. 비즈니스 성공을 위한 이 황금률을 사고와 행동 습관의 대전제로 삼아 무의식에 심자. 자신만 파고들다가는 세상과 단절되고 만다. 고객을 성공으로 이끄는 것에 대해 배우고 실천할 때 비로소 자신의 수입을 끌어올릴 수 있다.

고객 성공을 위한 효율적인 공부 방법 중 하나는 뉴스레터를 만드는 것이다. 예전부터 나는 10억 공부법을 통해 습득한 유익한 정보를 읽기 쉽게 정리하여 고객에게 뉴스레터로 발송해 왔다. 아르바이트로 생계를 유지하던 시절에도 미래에 나의 고객이 될 사람을 독자라고 상상하며 뉴스레터를 만들었다. 그 당시 사업 아이템으로 공부방이나 학원의 원생 모집 지원을 구상하던 나는 뉴스레터에 관련 정보를 담았다. 전부는 아니어도 개중에 유용한 정보도 제법 있었으리라고 생각한다.

뉴스레터를 발송한 지 수개월이 지나고 상담이 잇달아 잡히면서 드디어 내게도 고객이 생겼다. 고객과 함께 일할 기회를 얻는 데에 뉴스레터가 결정적인 계기가 된 것이다. 계약을 체결한 후에도 고객의 성공을 위한 노력을 멈추지 않았다. 고객이 운영하는 사업장에 어떻게 하면 더 많은 원생을 유치할 수 있을지 날마다 고심하고 공부한 내용을 행동으로 옮겼다. 그리고 마침내 매출 규모와 고객 수 면에서 웬만한 회사 못지않은 1인 기업으로 성장했다. 지금은 2년 가까이 하루도 거르지 않고 3분짜리 음성 뉴스레터를 고객들에게 발송하고 있다.

공부는 나라는 상품을 홍보하는 자기 마케팅의 핵심 수단이다. 공부로 얻은 유익한 정보를 전달하는 일은 고객 지향 서비스이자 잠재 고객을 발굴하는 행위다. 더 나아가 성과를 내는 전략과 전술, 실전에서 얻은 지혜는 나라는 상품의 부가가치를 높여 준다.

설사 실무 경험이 없다 해도 전략과 전술을 잘 갖춘다면 혼자서도 시작할 수 있다. 고객 분석과 성공 전략을 담은 성공 노트는 아주 좋은 도구가 되어 줄 것이다. 성공 노트 없이 고객과 대면하는 것은 무기 없이 빈손으로 전쟁터에 나가는 것이나 다름없다. 책이나 강의보다 고객에게 얻는 배움이 가장 크다.

누가 뭐래도 비즈니스의 출발점은 고객의 성공이다. 고객을 직접 만나 부딪히고 깎이고 배우면서 얻은 지혜를 기반으로 하면 성공에 바짝 다가설 수 있다. 그렇게 차곡차곡 쌓은 성공 노트는 그 자체로 나만의 훌륭한 콘텐츠이자 자산이 된다. 오랜 기간 성과 전략이 축적된 노트라면 누구나 큰돈을 지불하고서라도 손에 넣고 싶어 할 만큼 귀한 재산이 될 것이다.

내가 10억 원 플레이어가 될 수 있었던 것은 본업에서 고객이 원하는 성과를 내고, 성과 내는 법을 교육 과정으로 만들어 수익화한 덕분이다. 사내 인재 양성은 물론 자신의 업계 노하우를 외부에 판매하는 교육형 비즈니스에도 이 전략은 유효하다. 교육형 비즈니스에 대해서는 전작 《나의 가치를 최대화하는 기술》에 상세하게 나와 있으니 관심 있는 독자들은 참고하기를 바란다. 성공 노트의 구체적인 필기법은 뒤에서 자세히 살펴보기로 하자.

04

PDCA 체크리스트

회사를 그만둔 지도 어느덧 10여 년이 지났다. 퇴사 이후 알게 된 사실이 하나 있는데, 장기적인 성과를 거두는 사람들은 PDCA 체크리스트를 통해 매일매일을 돌아보고 있다는 것이다.

PDCA는 누군가에게 보고하거나 검사 받기 위한 숙제가 아니다. 내 안에 두 인격이 있다고 가정하고 둘 중 한쪽이 코치가 되어 매일매일 나의 하루를 되돌아보는 도구일 뿐이다. 목표와 행동이 일치하지 않으면 아무리 노력해도 성과는 나지 않는다.

내가 운영하는 비즈니스 커뮤니티에서는 그룹 채팅방을 만들어 회원들이 그날 쓴 PDCA 일지를 올리도록 하고 있다. 나도 하루의 끝자락에 PDCA 체크리스트로 그날을 돌아보고 그 내용을 채팅방에 올려 100여 명이 넘는 회원들과 공유하고 있다. 투명하게 열린 환경을 마련하고 강제성을 부여해 스스로를 관리하는 것이 PDCA의 포인트다.

PDCA 체크리스트

Plan　계획하기

- 나와 고객의 성공은 무엇인가?
- 왜 목표를 달성하고 싶은가?
- 구체적인 행동 계획은 무엇인가?

Do　실행하기

- 목표 달성을 위해 오늘 무엇을 했는가?

Check　평가하기

- 잘한 점과 개선할 사항은?

Action　개선하기

- 내일 취할 효과적인 행동은?

05

멘토

언젠가 한 업계 선배가 "하수는 고수의 생각을 미처 헤아리기 어려우니 일단 고수가 닦은 길을 따라오고 봐야 한다"라고 말한 적이 있다. 일러 준 대로 움직이지 않는 나의 모습이 영 답답했던 모양이다. 시간이 흐른 뒤에야 선배의 말이 옳았음을 깨달았다.

지금껏 한 번도 도달하지 못한 경지를 이해하기란 참으로 어려운 일이다. 하지만 누가 뭐래도 정복하고 싶은 산이 있다면 어떻게든 방법을 찾아 정상에 오르고 싶을 것이다.

그럴 때 당신이 오르려는 정상을 이미 정복한 멘토는 훌륭한 등반 길잡이가 되어 준다. 혼자 공부하고 PDCA 일지를 쓰는 일도 중요하다. 하지만 앞서 정상에 올랐던 선배의 피드백에 귀 기울이면 정상으로 가는 시간을 엄청나게 단축할 수 있다. 황금과 같은 당신의 시간을 아낄 수 있는 방법이 이토록 분명하니 정말 감사한 일이 아닌가?

나는 출판, 비즈니스, 자산 운용 등 다양한 분야에 멘토를 두고 있다. 예전에 책을 쓰는데 좀처럼 진도가 나가지 않았다. 작가가 된 이상 뭔가 멋들어진 문장으로 독자에게 감동을 줘야겠다는 강박에 갇혀 컴퓨터 앞에 앉아도 쓸 말이 떠오르지 않는 지지부진한 상태가 계속되었다. 이대로는 마감일을 지키지 못할지도 모른다는 생각이 들었다. PDCA 체크리스트를 통해 해결책을 모색했지만 뾰족한 수가 나지 않았다. 그때 출판계 멘토에게 도움을 청했다.

그러자 "당신은 소설가가 아니라 독자의 과제 해결을 도와주는 실무자예요. 유려한 문장을 쓰거나 감동을 주겠다는 강박에서 벗어나세요. 의미를 명확하게 전달하는 문장이 좋은 문장입니다"라는 답변이 돌아왔다.

이 피드백을 받고 '그렇구나. 문장의 좋고 나쁨을 따지지 말고 내 생각을 언어로 정확히 옮기면 되는 거야' 하고 어깨의 힘을 빼자 글이 술술 써지기 시작했다. 그전까지는 장소를 여기저기 옮겨 다녀도 글이 나오지 않아 눈앞이 캄캄했는데 말이다.

이처럼 멘토는 나보다 나의 상황을 더 객관적으로 파악해서 과제 해결의 실마리를 제공한다. 시야를 한 차원 높여 주고 목표에서 엇나간 부분을 바로잡아 주기도 한다.

멘토의 도움으로 어려움을 이겨 낸 경험은 이뿐만이 아니다. 실패가 두려워 내가 정립한 성공 패턴만을 고집하며 현상 유지에 급급했던 시기가 있었다. 정체기를 겪는 컨설턴트가 고객들에게 좋은 영향을 미칠 리가 없다. 수년간 함정에 빠진 기분이었다. 그때 한 기업가 멘토가 지나가는 말로 "돈 때문에 매달리는 사업이라면 그만두게. 그러지 않으면 다음으로 도약할 수 없다네"라고 했다.

멘토의 조언에 따라 반년 가까이 투자한 프로젝트를 갈아엎고 재정비하자 나의 사업은 날개를 달고 다시 승승장구했다. 나에게 조언을 건넨 멘토도 과감한 손절을 통해 새로운 길을 개척한 경험이 있었던 것이다.

참고로 멘토는 정식으로 관계를 맺어도 좋고 자신이 마음대로 정해도 상관없다. 이미 세상을 떠난 인물을 멘토로 삼는다면 그가 남긴 책을 통해 가상 대화를 나누는 방법도 있다. '멘토와 관계를 맺는 데 금전적 대가를 지불해야 할까?'라는 질문도 심심찮게 받는데, 그건 상황마다 다르다. 멘토와의 관계를 크게 4가지로 나누어 보면 다음과 같다.

- 무보수 노동
- 롤모델
- 고문 계약
- 상호 멘토

현장 경험이 아직 부족한 경우에는 무보수로 일하기를 권한다. 무보수라면 상대도 마다할 이유가 없고 희소가치가 높은 일을 경험할 확률이 높다. 보수를 받으면 그만큼의 값어치를 해야 한다는 생각에 위험을 무릅쓰기보다는 안전한 일만 골라 하게 되고, '돈 받는 만큼만 일하면 되지'라고 안이하게 굴기 쉽다. 돈이 안 되어도 자기가 하고 싶은 일을 하면 성장이 빠르다. 대가를 바라는 사람은 누구나 할 수 있는 평범한 일을 하는 데 그친다. 무보수 노동으로 얻는 가치는 돈이 아니라 장래에 몇십 배, 몇백 배로 돌아올 직업적 지혜와 인적 자산이다.

멘토 삼고 싶은 사람이 너무 바쁘거나 유명을 달리한 경우에는 롤모델로 삼으면 된다. 그의 자서전을 읽으면서 그 사람의 인생을 거울 삼아 나의 과제를 검토하고 깨달음을 얻는 것이다.

벗을 멘토로 삼는 경우도 있다. 내게 벗이란 매주 만나는 술친구가 아니라 1년에 한 번 볼까 말까 한 사이더라도 '그 친구라면 지난

번 만났을 때보다 한 뼘 더 성장했겠지' 하며 도전 의식을 일깨워주는 사람이다. 선의의 라이벌이란 말이 딱 들어맞는 존재다.

각계각층마다 네 손가락 안에 드는 인물이나 회사가 있기 마련이다. 예를 들어 남자 테니스계에는 걸출한 성적을 자랑하는 4명의 스타 선수가 있다. 로저 페더러, 라파엘 나달, 노박 조코비치, 앤디 머레이. 모두 세계 랭킹 1위에 빛나는 인물들이다. 어떻게 동시대에 톱 플레이어들이 4명이나 배출될 수 있었는지 곰곰이 생각해보면 강력한 라이벌의 존재가 귀감이 되어 서로를 앞으로 나아가게 하는 원동력으로 작용했음을 알 수 있다. 라이벌이 등장할 때마다 이렇게 긍정적으로 생각하게끔 깨우쳐 준 이도 나의 멘토였다.

세 번째 방법인 고문 계약도 나쁘지 않다. 그렇지만 돈으로 해결되는 문제는 하나도 없다. 청출어람하겠다는 포부로 고문 역할을 하는 멘토에게 배우고 실천해야 성과를 낼 수 있다.

네 번째 방법인 상호 멘토 관계는 서로에게 확실한 성과를 가져다준다. 지혜는 원래 일방적으로 베푸는 시혜적 개념이 아니라 대등한 관계에서 교환하는 호혜적 개념이다.

나는 여러 사람과 상호 멘토 관계를 맺고, 한 달에 한두 번씩 온라인 회의나 오프라인 만남을 통해 서로의 지혜를 주고받는다. 돈보다 더 귀한 가치를 서로에게 주기 위해서 치열하게 공부하고 고민한다. 실전에서 쌓은 지혜가 없으면 자리에 나가 상대와 대면하기가 겸연쩍고 부끄럽기 때문에 상호 멘토는 성과를 촉진하는 페이스 메이커의 역할도 한다.

지금까지 멘토와의 관계 설정 방법 4가지를 소개했다. '준비된 제자에게 스승이 나타난다'라는 격언이 있다. 당신이 오르려는 산에 집중했을 때 비로소 당신 앞에 길잡이 멘토가 나타날 것이다. 그리고 당신이 뜻을 품는다면 멘토도 자신의 지혜를 기꺼이 빌려줄 것이다.

커뮤니티

자기 발전을 위해 함께 공부하고 성장할 수 있는 구성원이 있는 커뮤니티에 들어가는 것이 좋다. 뿐만 아니라 커뮤니티는 부자가 되기까지의 긴 여정을 포기하지 않고 끝까지 갈 수 있도록 당신을 도와줄 것이다. 이왕이면 커뮤니티를 스스로 운영하면 더욱 좋다. 내 주변을 보면 뛰어난 성과를 거두는 사람들은 커뮤니티에 속해 있을 뿐만 아니라 커뮤니티의 운영까지 도맡고 있다.

커뮤니티 운영 노하우에는 여러 가지가 있지만 무엇보다도 커뮤니티의 왕성한 활동을 촉진하는 최고의 원동력은 운영자의 적극적인 실천이다.

"다들 세상을 바꾸겠다는 생각은 하면서도, 정작 자기 자신을 바꾸겠다는 생각은 못 한다." 톨스토이가 한 말이다.

대부분의 커뮤니티는 리더인 운영자가 앞장서지 않으면 아무도 움직이려 하지 않는다. 바꿔 말해 커뮤니티를 운영하면 실천이 불가피한 환경에 자신을 내몰 수 있게 된다는 의미다.

내가 운영하는 비즈니스 커뮤니티도 마찬가지였다. 내가 앞장서서 행동하고 커뮤니티의 성공을 꾀하자 성과를 올리는 회원들이 점점 늘어났다.

어떤 사람은 발을 빼지 말아야 할 곳에서 발을 빼고, 발을 빼야 할 곳에 발을 담근다. 이런 실수를 하지 않으려면 매사를 허투루 해서는 안 된다. 나는 노하우를 가르치는 일은 온라인 강의로도 충분하다고 생각해 일찌감치 발을 뺐다. 대신 매일 내가 실천한 내용을 회원들에게 알리고 멘토로서 회원들에게 피드백을 제공하는 일과는 절대 거르지 않는다.

보통 사람이 소홀히 하는 일에 진지하게 임하는 사람은 시간이 갈수록 많은 보수를 받고 나중에는 그 격차를 크게 벌릴 수 있다.

지금까지 10억 원 플레이어가 되기 위한 6가지 키워드를 제시했다. 이는 놀랄 만한 성과를 거둔 경제 멘토들에게 직접 배운 내용이다. 이 키워드들 덕분에 정보의 홍수에 휩쓸리지 않고 굳건하게 제자리를 지키며 배우고 성장할 수 있었다.

이 6가지 키워드를 단시간에 완벽히 소화할 수는 없다. 그러나 장기적으로 실천하면 자기 주가를 높이는 것은 물론 시대의 변화에도 끄떡없는 전천후 10억 원 플레이어로 거듭나리라고 확신한다.

CHAPTER 3

10억 원 플레이어가
되기로 결단하라

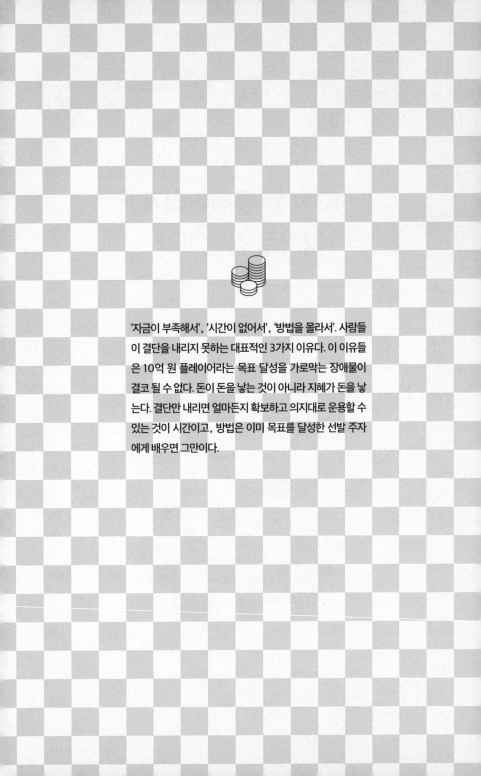

'자금이 부족해서', '시간이 없어서', '방법을 몰라서'. 사람들이 결단을 내리지 못하는 대표적인 3가지 이유다. 이 이유들은 10억 원 플레이어라는 목표 달성을 가로막는 장애물이 결코 될 수 없다. 돈이 돈을 낳는 것이 아니라 지혜가 돈을 낳는다. 결단만 내리면 얼마든지 확보하고 의지대로 운용할 수 있는 것이 시간이고, 방법은 이미 목표를 달성한 선발 주자에게 배우면 그만이다.

1년에 400명의 비즈니스맨과
만나며 알게 된 것

나는 한 해 동안 400여 명에 이르는 비즈니스맨을 만나 창업과 비즈니스 구축에 대해 이야기를 나눈다. 그리고 커뮤니티를 직접 운영하며 해마다 100여 명의 신입 회원을 만난다. 이 가운데 3개월 만에 수입 1000만 원을 달성한 회원은 정확히 50명이다(프로그램이 개선될수록 달성률이 꾸준히 증가하고 있다). 게다가 3억 원에서 10억 원 상당의 연 수입을 올리는 회원들까지 잇따라 나오고 있다.

이렇게 1년 단위로 회원들의 비즈니스 구축을 지원하고 그 과정을 지켜보면서 나는 성과를 내는 사람과 못 내는 사람의 결정적인 차이를 파악하게 되었다.

성과를 내는 사람들의 공통점은 바로 '결단'을 내렸다는 것이다.

목표를 달성할 때까지 전력투구하고 지난날로 돌아가지 않겠다고 결단한 사람들은 결국 자신이 목표한 수입을 달성했다.

이처럼 성과 도출 여부는 '결단'에 달려 있다. 목표를 달성한 사람들도 결단할 당시에는 거기까지 가는 방법을 알지 못했다. 가는 길이 빤히 드러난 목표는 평범하고 진부하며 인생에 극적인 변화를 일으키지 못한다.

'자금이 부족해서', '시간이 없어서', '방법을 몰라서'. 사람들이 결단을 내리지 못하는 대표적인 3가지 이유다. 이 이유들은 10억 원 플레이어라는 목표 달성을 가로막는 장애물이 결코 될 수 없다. 뒤에서 자세히 설명하겠지만 돈이 돈을 낳는 것이 아니라 지혜가 돈을 낳는다. 결단만 내리면 얼마든지 확보하고 의지대로 운용할 수 있는 것이 시간이고, 방법은 이미 목표를 달성한 선발 주자에게 배우면 그만이다. 이로써 당신이 '결단할 수 없는 이유' 3가지는 깨끗이 해결된 셈이다.

돈은 구하는 자에게 흘러든다

◇

돈을 간절히 원할수록 결단력도 한층 강해진다. 단기간에 목표액을 달성한 사람들에게는 열악한 가정 형편, 자녀 교육비 마련, 내 집 장만, 은행 대출금 상환, 사업 자금 마련 등 저마다 절실한 사정이 있었다.

나의 꿈도 지극히 사적인 바람에서 출발했다. 고상한 비전을 품은 까닭에 10억 원 플레이어가 된 것이 아니다. 내 삶에는 돈이 필요한 일들이 산더미같이 쌓여 있었다. 세계 일주, 약혼식과 결혼식, 예물과 혼수 준비, 이사 비용, 차기 사업 투자금, 그 밖에 생활비와 저축액까지 감안하니 연간 10억 원이 필요하다는 계산이 나왔다. 결단을 내리기는 했지만 눈앞이 아득했다. 그러나 어느 것 하나 포기할 수 없었기에 과감히 1년 후의 나에게 연 수입 10억 원을 약속했다.

생각하는 대로 살지 않으면 사는 대로 생각하게 된다

인생의 목표가 생존이라면 굳이 현실을 바꿀 필요가 없다. 국가의 사회보장제도가 최소한의 생존은 보장해 주니 말이다. 하지만 먹고사는 문제에만 휘둘려 살기에는 아까운 인생이다. 한 번뿐인 인생을 살면서 진정한 나를 발견하고 꿈을 실현하며 사는 것이 진정한 행복이라고 생각한다. 그리고 현실에서 꿈을 이루려면 재정적인 뒷받침이 꼭 필요하다. 그렇기에 우리는 10억 원 플레이어를 꿈꾸는 것이다.

일단 목표를 정하면 방법을 찾을 수 있다

인생에 대한 목표는 많으면 많을수록 좋다. 이 목표들이 내면에 잠재된 자신만의 창조성을 일깨운다. 나는 1년 전 내 인생의 목표를 '세계 일주하는 10억 원 플레이어'로 정했다. 목표는 구체적일수록 좋다. 그래야 그 목표를 이루기 위한 실제적인 방법이 결정된다.

전작 《나의 가치를 최대화하는 기술》에서 나는 가치를 깎아내리는 노동 방식과 가치를 높이는 노동 방식의 차이점을 언급하며 스스로의 가치를 높이는 비즈니스를 시작하자고 제안한 바 있다. 여기서 나의 가치를 깎는 노동 방식은 다음과 같다.

- 시급제 또는 월급제로 일하면서 노동 시간에 따라 보수를 받는다.
- 한 회사에만 다닌다.
- 발품 파는 일을 한다.

이 노동 방식을 소개하면서 나는 일반 회사원과 프리랜서들이 자신의 가치를 평가절하하는 방식으로 일하는 것에 문제를 제기하고 싶었다. 나도 과거에 뭘 모를 때는 이런 방식을 좇아가며 일했던지라 문제의식을 강하게 품고 있었다. 이와 반대로 자신의 가치를 높이는 노동 방식으로는 다음과 같은 것들이 있다.

- 만들어 내는 가치에 상응하는 보수를 받는다(한 번 해 놓은 일이 계속해서 경제적 가치를 낳는다).
- 고객 수에 제한을 두지 않는다.
- 발품 파는 수고를 하지 않는다.

위의 3가지 요소를 충족하는 노동 방식을 실천하면서 나는 세계 일주와 10억 원 플레이어라는 목표를 동시에 달성했다. 예전 방식을 고집했다면 꿈을 이루지 못했을 것이다.

연 수입 10억 원을 달성하려면 매우 구체적인 조건이 포함된 목표를 세워야 한다. 목표가 체계적이고 명확할수록 인생이란 게임을 공략해 승리하고 싶은 욕구가 생긴다. 진실하고 절실한 인생 목표가 내면의 창조성을 깨우는 것이다.

인생 목표
리스트를 만들자

어떤 것이든 당신 인생의 목표가 될 수 있다. 돈이든, 재능이든, 인맥이든 지금 당장 없어도 괜찮다. 때가 되면 당신에게 주어질 테니 기죽을 것 없다. 우선 결단을 내리자. 결단에서 생겨난 강력한 자력이 당신에게 필요한 자원을 끌어당길 것이다.

상상할 수 있다면 현실이 될 수 있다

인생 목표와 함께 그 목표를 이루는 데 필요한 구체적인 금액을 쓰면 현실감이 더해진다. 이것이 바로 돈이 지닌 에너지 파동이다. 나도 무엇에 얼마가 드는지 직접 쓰기 전까지는 실감하지 못했다. 돈은 필요로 하는 곳에 흘러든다. 목표 금액을 적는 순간 돈의 에너지 파동을 느끼고 '기존의 방식으로는 안 되겠다'라며 결단을 내리게 된다.

나의 경우 금액뿐만 아니라 시간도 함께 적었다. 예를 들면 한 달의 반은 해외로 여행을 다니고, 반은 일본에서 지내자는 계획을 썼다. 그랬더니 '한 달의 반인 15일 동안 어떻게 10억 원을 만들어 낼까?'란 질문이 뒤따라 나왔다. 내가 공략해야 할 인생 게임의 퀘스트가 설정된 순간이었다.

부자가되면 무엇을 하고 싶은가?	무엇에 얼마가 드는가?
세계 일주	연간 1억 5천만 원
결혼 비용	5천만 원
휴양지 고급 주택 구입	5억 원
자녀 국제학교 학비	연간 3천만 원
노후 대비용 순 금융자산	10억 원

인생 목표를 현실로 이루어 내는 데 효과적으로 기능하는 도구가 있다. 바로 명상이다. 한 억만장자에게 '상상할 수 있다면 이룰

수 있다'라는 가르침을 받고서 시작한 아침 명상이 지금은 양치질과 다름없는 매일의 습관으로 굳어졌다. 참고로 습관화란 애쓰지 않아도 무의식적으로 행동이 나오는 상태를 말한다. 처음에는 익숙하지 않은 것이 당연하다. 초반의 어려움을 이겨 내고 꾸준히 실천하면 자연스러운 일상으로 자리 잡는다. 초장에 그만두는 사람과 달리 성공적으로 습관화한 사람은 결국 성과를 낼 것이다.

명상법은 인터넷에서 검색하여 본인에게 맞는 방법을 택하면 된다. 구체적인 방법보다 아침마다 실현하고 싶은 이미지를 선명하게 몸과 마음에 새기는 것이 중요하다. 성공은 두 번 이루어진다. 처음은 당신의 머릿속에서, 그리고 다음에는 당신의 현실에서 실현될 것이다. 매일 아침 명상을 하며 성공의 미래상을 그려 나가자.

지금의 현실을
부정하는 것부터 시작하자

인생에서 행복감을 느끼는 데 자기 자신을 스스로 인정하는 '자기 긍정'은 대단히 중요하다. 그러나 인생을 변화시키려면 '자기부정'이 필요할 때도 있다.

앞서 말했듯이 생존이 목적이라면 애써 변화를 줄 필요가 없다. 사회보장제도의 테두리 안에서 스마트폰으로 무한한 영상 콘텐츠와 게임을 공짜로 즐기면 된다. 전쟁 세대에게는 꿈에 그리던 세상일지도 모른다. 지금의 인생에 만족하면서 행복을 누리고 싶다면 지금 현실을 힘들게 바꿀 필요는 없다.

그럼에도 나는 아르바이트를 그만두고 부자가 되겠다고 결심했다. 당시 내가 하는 일이 언제든지 대체될 수 있는 단순 작업이라고 생각하니 마치 생기 없는 로봇이 된 듯한 기분이었다. 미래를 떠올리면 불안함이 끊임없이 피어올랐다. 생활비만 벌어 먹고사는 현실에 염증을 느꼈다. 생생한 삶의 감각을 느끼지 못하니 산송장이나 다름없었다.

자기긍정과 자기부정은 둘 다 중요하다. 우리에게 주어진 인생 과제는 두 대립축을 조화롭게 양립시키는 것이다. 특히 현실에 대한 강렬한 자기부정은 인생을 다음 차원으로 넘어가게끔 도와주는 역할을 한다.

많은 사람이 미적지근한 자신의 모습에 섣불리 만족하고 현실에서 과감히 벗어나지 못한다. 미지근한 물에 몸을 담그고 추울까봐 욕조 바깥으로 나갈 엄두를 못 낸다면 나오지 않고서는 못 배길 만큼 욕조 물을 뜨겁게 끓이면 된다. 강렬한 자기부정이 불쏘시개가 되어 당신을 펄펄 끓는 욕조 바깥으로 밀어낼 것이다.

자기긍정이란 허울을 쓴 미온적인 태도에서 벗어나자. 이 책을 읽으면서 달갑지 않은 나의 모습과 마주하는 경험이 잠깐은 언짢겠지만 그 경험은 당신의 현실에 불을 지필 화력이 되어 줄 것이다.

나를 위한
장례식을 치르자

본래 사람은 다중적이다. 덜렁거리거나 소심한 면모가 있는가 하면 성실하고 열정적인 성향도 누구나 가지고 있다. 한 사람 안에 이렇게 다양한 성격이 있다면 특정한 성격을 취사선택하여 사는 삶도 가능하지 않을까. 스스로 불만족스럽거나 부정적인 성격을 불사르기 위해 장례식을 치르고 작별을 고하는 것이다.

실제로 내가 해보니 효과가 굉장히 컸다. 과거의 '뚱뚱한 나', '궁핍한 나', '일과 인생의 주도권을 잡지 못했던 나', '사람들과 담쌓고 고독했던 나'에게 작별을 고하기 위해 장례식을 치렀다. 지우고 싶은 나의 모습을 종이에 쓰고 불을 붙여 태우니 사뭇 실감이 났다. 종이가 재로 변하자 내 안의 부정적인 부분도 함께 사라지는 듯했다. 그리고 동시에 나의 긍정적인 면모가 불쑥 드러나는 것이 느껴졌다. 장례식을 치른 뒤로 뚱뚱하고 궁핍하고 고독했던 지난날의 나는 더 이상 존재하지 않는다. 부정적인 내 모습에 가려져 있던 나의 긍정적인 인격이 수면 위로 드러나자 인생도 긍정적인 흐름을 타기 시작했다.

반면에 좀처럼 인생에 변화가 나타나지 않는 사람들이 있다. 이들의 공통점은 '이 사람 뭔가 주눅이 들어 있네'라고 느껴질 만큼의 기소침하다는 것이다. 주변은 의욕으로 불타오르는데 마치 젖은 낙엽처럼 불씨가 옮겨붙지 않는다. 만약 당신이 이런 유형에 속한다면 축축한 땔나무를 지펴서라도 계속해서 화력을 가하는 수밖에 없다.

강력한 화력은 강렬한 자기부정에서 생겨난다. 지긋지긋한 인격을 불사르고 싶다면 나를 위한 장례식을 치르자. 숨어 있던 당신의 대담한 품성이 고개를 내밀 것이다.

CHAPTER 4

당신이 10억 원 플레이어가
되지 못하는 이유

"왜 저는 10억 원 플레이어가 되지 못하는 건가요?" 시급 9000원을 받으며 아르바이트를 하던 시절 억만장자를 처음 만나서 했던 질문이다. 묻자마자 속사포로 쏟아지는 대답을 듣고 있자니 기관총으로 연사당하는 기분이었다. 하지만 이 가운데 외모나 집안 배경과 같이 스스로의 노력만으로 바꾸기 어려운 선천적인 한계는 일절 포함되어 있지 않았다. 즉 바꾸겠다고 마음만 먹으면 누구나 연 수입 10억 원을 달성할 수 있다는 말이다.

진정으로
결단하지 않았다

"자네는 진정으로 결단을 내리지 않았네."

억만장자의 제자로 들어갔을 때 처음 들은 말이다. 반사적으로 "아뇨, 결단했습니다!"라고 받아쳤지만 진정성을 의심받았다. '제자로 받아 주지 않겠다는 걸까' 하는 불안감이 덮쳤으나 거듭 연락을 취하고 찾아간 끝에 드디어 억만장자의 정식 문하생이 될 수 있었다. 억만장자는 무엇보다 내게서 결단의 진정성을 확인하고자 했다.

'진정한 결단'은 하늘이 무너져도 기어이 해내겠노라 다짐하는 것이다. 결단의 진정성은 생각한 대로 일이 풀리지 않을 때 판가름

난다. 혼자 힘으로 사업을 일으켜 연 수입 10억 원을 올리기까지는 이런저런 과제들을 해결해 나가야 한다. 현상 유지가 목표라면 새로운 과제는 발생하지 않을 것이다. 하지만 10억 원 플레이어가 목표라면 목표와 현실의 괴리가 생겨나고 그 간극을 메우기 위한 과제가 발생한다.

나 역시 목표를 정하자마자 출판, 비즈니스 구축, 마케팅 구조 확립, 고객 지원, 조직 구성 등 여러 과제가 잇따라 생겨났다. 하나부터 열까지 난생처음 접하는 영역이다 보니 순탄하게 흘러갈 리가 없었다. 크고 작은 일들이 끊임없이 발생했다. 생각만큼 일이 풀리지 않을 때는 '나의 진정성이 시험대에 오른 시간이구나' 하고 스스로를 다독이면서 목표를 향해 전진했다.

목표를 이룬 후에 신참 시절 가르침을 청했던 업계 대선배와 식사를 함께한 적이 있다. 선배는 "고바야시 씨는 입버릇처럼 10억 원 플레이어가 되겠다고 얘기하더니 현실로 이뤄냈군요"라고 말했다.

결단의 진정성은 과제에 직면했을 때 포기하느냐 마느냐로 판가름 난다. 중도 포기한다면 진정으로 결단했다고 볼 수 없다. 골치 아픈 과제에 직면하더라도 꿋꿋이 헤쳐 나갈 때 성공에 도달하는 시기가 앞당겨진다.

결단의 진정성을 가늠하는 기준이 하나 더 있다. "이 꿈을 이루기엔 당신의 역량이 모자라다"라는 말을 들었을 때 보이는 반응이다. "나라면 할 수 있다"라고 자부하는 사람들은 기어이 목표를 달성하고야 만다. 상황에 따라 유연성을 발휘하면서 결연한 의지로 과제를 완수한다. 자신에 대한 믿음이 강력한 의지의 밑바탕이 된다. 반면 행동력이 결여된 책상퇴물들은 비관적인 말을 늘어놓는다. "10억 원? 보통 사람한테는 어림도 없지" 하며 찬물을 끼얹는다. 그리고 그 부정적인 말의 영향은 자기 자신에게 그대로 돌아온다.

실제로 연 수입 10억 원을 달성한 사람들은 "쉽지는 않겠지만 올바른 방법으로 꾸준히 실천하면 목표를 이룰 수 있을 거야"라며 나의 가능성에 초점을 두고 용기를 북돋아 주었다. 반면 "당신은 역부족"이라는 말은 곧 '내가 이룰 수 없으니 당신도 마찬가지 아니겠냐'라는 의미다. 자기 잣대로 상대를 재단하는 편협한 말들은 철저히 무력화시키자.

얼마 전 한 수강생이 나약한 심정을 토로하기에 "강제로 끌려온 것도 아닌데 그만두시는 게 어떨지요?"라고 말했다. 겨우 이쯤에서 그만둘 생각이라면 보나 마나 결과가 뻔하기 때문이다. 그러자 수강생은 "아니요, 할 겁니다"라고 심기일전하며 툭툭 털고 일어났다. 진정으로 결단을 내리는 사람은 눈앞에 길이 보이지 않아도 주저앉지 않는다.

모방할
롤모델이 없다

앞에서 연 수입 10억 원 달성을 효과적으로 돕는 모방의 미덕에 대해 설명했다. 따라 하고 싶은 스승이나 롤모델이 있는지 스스로에게 물어보자. 나의 억만장자 스승은 "평범한 사람이라면 성공한 사람을 본보기로 삼아 그대로 따르면 된다"고 했다. 평범한 자의 머리로는 비범한 성과를 내기 어렵다는 뼈 있는 말이었지만 스승을 제대로 본받기만 하면 나도 억만장자가 될 수 있다는 희망적인 말이기도 했다.

만약 사회에 나가 5년 이내에 10억 원 플레이어가 되지 못했다면 지금 당장 롤모델을 찾아 철저하게 모방하기를 권한다. 롤모델은 여러 명이어도 상관없다. 나는 각 전문 분야에서 10억 원 이상의 보수를 받는 다섯 사람을 찾아내 '출판 롤모델' '비즈니스 롤모델' '마케팅 롤모델' '고객 지원 롤모델' '조직 구성 롤모델'로 삼고 직접 가르침을 받았다. 롤모델이 없는 것은 악필을 교정할 때 본보기 없이 글씨 연습을 하는 것과 같다. 롤모델을 철저히 따라 하는 것이야 말로 10억 원 플레이어가 되는 지름길이다.

'롤모델을 어떻게 찾을 수 있을까요?'라는 질문을 받곤 하는데, 진정으로 결단을 내리면 어떤 인물을 롤모델로 삼아야 하는지 윤곽이 드러난다. 먼저 자신이 승부처로 삼은 업계의 톱 플레이어를 조사한다. 사업체의 규모와 고객 수, 회사 시스템을 살펴보면 그 업주가 10억 원 플레이어인지 아닌지 파악할 수 있다.

롤모델이 존재하지 않는 업계에 진입해 10억 원 플레이어가 되기란 하늘의 별 따기다. 마땅한 전례도, 시장도 전무한 불모지 개척은 소수의 천재들에게 맡기자. 일정 규모의 시장이 존재하는 업계에서는 선발 주자가 남긴 궤적을 따라가기만 해도 연 수입 10억 원을 달성할 수 있다.

그러고 나면 '어떻게 해야 롤모델과 멘토 관계를 맺을 수 있을까'라는 질문이 이어진다. 기본적으로 인간관계는 서로에게 득이 되지 않으면 맺어지기 어렵다. 특히나 롤모델에게 배워야 할 것은 장래에 10억 원을 창출할 '지혜'다. 어렵게 얻은 비법을 상대가 호락호락 내어 줄 리 만무하다. 당장에 지불할 큰돈이 없다면 자신이 가진 지혜나 인맥, 노동력과 같은 무형자산을 제공하는 것이 좋은 방법이다. 하지만 업계에 첫발을 내민 초년생 처지에서 상대에게 득이 될 만한 지혜나 인맥처럼 시간이 쌓여야 생기는 자산을 제공하기란 불가능하다.

그래서 노동력을 제공하기를 권한다. 상대 밑에서 무보수로 일하며 배우는 것이다. "요즘 같은 세상에 무보수로 일하라니, 안 하고 만다!" 하고 발끈하는 사람도 있을 것이다. 그렇지만 상대에게 제공하는 편익 없이 돈을 낳는 지혜를 거저 배우겠다는 발상 자체가 도둑놈 심보 아닐까. 생활비를 버는 일이라면 주변에 얼마든지 있다. 나의 경우 평일에는 주간에 아르바이트를 하고 평일 야간과 휴일에는 멘토 밑에서 무보수로 일했다.

게다가 멘토에게 득이 되는 방향을 진심으로 제시하는 과정에서 자신의 숨은 재능과 능력이 활짝 피어난다. 그래서 나는 멘토에게 그가 다음 단계로 발돋움할 수 있는 발판이 되어 주기로 결심했다. 예를 들어 멘토 중의 하나였던 베스트셀러 작가의 발전을 돕기 위해 비즈니스 구축과 마케팅을 지원했다. 당시에 구체적인 방법은 알지 못했으나 다른 멘토들의 도움을 받아 가며 방법을 터득했다.

이처럼 다섯 멘토들을 대상으로 한쪽에서 지혜를 빌리고 다른 한쪽에게 빌려주는 상호 대차를 통해 모두에게 이득을 제공하고 나서야 나 자신도 성장할 수 있었다. 지금도 이들과 꾸준히 지혜를 교류하며 군건한 관계를 이어 나가고 있다.

롤모델을 찾았다면 되도록 직접 만나 정기적으로 피드백을 받으며 목표와 현실의 간극을 메워 나가자. 덧붙여 최고의 멘토는 만날 때마다 저만치 앞서가 있는 사람, 다시 말해 제일선에서 변함없이 활약하는 인물이다. 당신이 멘토이자 스승으로 삼고 싶은 사람은 어떤 사람인가?

03

싫어하는 일에
얽매여 있다

한 투자 세미나에서 '경제적 자유를 얻고 은퇴하자!'라는 홍보 문구를 본 적이 있다. 사실 조기 은퇴는 자기 직업에 정을 붙이지 못하는 사람들이 고려할 법한 선택지다. 성급하게 일반화할 수는 없지만 젊은 나이에 일선에서 물러난 사람들의 말에 따르면 은퇴 후에 상당한 허탈감이 밀려와 고생 아닌 고생을 겪는다고 한다. 치열하게 비즈니스를 펼쳤던 사람일수록 자신의 가치를 상실한 듯한 느낌에 괴로워한다고 한다.

나는 사업을 굴리는 동시에 세계 각지를 여행하는 생활을 하고 있다. 본격적인 여행길에 오르기에 앞서 세계 일주를 다녀왔던 사람들에게 조언을 구했다. 이들은 오랫동안 여행만 다니다 보면 쉽게 피로감을 느끼고 금방 싫증이 날 것이라고 말했다. 처음에는 배부른 고민이 따로 없다고 생각했으나 실제로 장기간 여행을 다녀 보니 점차 그들의 말이 이해됐다. 아무리 부부 사이가 좋아도 부부끼리 여행하며 느낄 수 있는 즐거움과 고객을 도우면서 얻는 직업상의 보람은 별개였다.

그래서 우리 부부는 비즈니스와 여행을 병행하며 각각의 즐거움을 추구하는 생활이 최선이라는 결론을 내렸다. 따로 하는 일 없이 관광만 다녔다면 남미의 웅대한 자연과 유럽의 아름다운 가로수길을 보면서도 감흥을 느끼지 못했을 것이다.

아무리 돈이 많아도 하고 싶은 일이 없는 인생은 공허하지 않을까. 좋아하는 일을 업으로 삼는다는 '덕업일치', 재미난 일을 적극적으로 찾아 나서는 사람이란 뜻의 '재미주의자'라는 말이 유행하는 것만 봐도 직업관이 예전과는 달라지고 있음을 알 수 있다. 좋아하는 일을 할수록 창조성이 발현되고 열정이 샘솟는다는 사실은 부정하기 어렵다.

예전에 한 회의실에서 '동기 부여 관리' 세미나가 열리는 모습을 보고 내 눈을 의심했다. 나의 성취동기를 다른 사람에게 관리받는 일은 어디까지나 소극적이고 수동적인 직업의식을 전제로 하는 일이다. 모든 직업은 스스로 선택하는 것이다. 타인에게 인정받고 싶은 욕망을 충족시키는 수준으로는 10억 원 플레이어가 되기 어렵다. 사기를 저하하는 환경에 굴하지 않고 의지를 다지는 사람이야말로 10억 원 플레이어라는 왕관의 무게를 견딜 수 있다. 그러려면 10억 원 플레이어가 되기를 스스로 간절히 원해야 하고, 온 열정을 쏟을 수 있는 일을 찾아야 한다.

04

자기중심적으로
생각하고 공부한다

"성공과 행복을 명확히 구분하라. 행복은 당장 혼자서도 누릴 수 있다. 퇴근 후 마시는 술 한잔으로도 사람은 소소한 행복을 느낀다. 하지만 비즈니스의 성공은 온전히 고객에 의해 발생한다. 자기의 행복만 파고들면 성공은 불가능하다."

억만장자에게 배운 것 중 가장 기억에 남는 가르침이다.

억만장자가 왜 이런 말을 했는지 지금은 이해한다. 자기만 생각하는 이기적인 제자의 모습을 꼬집은 것이다. 억만장자가 공부하는 모습을 가까이에서 지켜보며 공부의 지향점은 고객이라는 깨달음을 얻었다.

고객 중심으로 생각하면 지혜가 솟아나고 자기 중심적으로 생각하면 근심이 늘어날 뿐이다. 이제는 자기중심적인 공부에 마침표를 찍을 때다.

나의 노동력을 헐값에 넘기던 시절, 나는 철저히 자기중심적이었다. 오로지 나의 성공을 위해 책을 읽고 세미나를 쫓아다녔다. 그런데도 재정 곡선은 좀처럼 올라갈 기미를 보이지 않았다. 비용만 축날 뿐 수입은 제자리걸음이었다.

그러다가 억만장자의 지적에 퍼뜩 정신을 차리고 공부의 방향을 수정했다. 고객 중심의 공부로 전향하자 모든 것이 바뀌었다. 고객과 연결되고 고객 수가 점차 늘어나면서 수입이 늘기 시작했다.

돈을 지불하는 주체는 오직 고객뿐이다. 고객 이외의 사람들에게는 돈이 나갈 일은 있어도 들어오는 일은 없다. 즉 고객은 안중에도 없는 자기중심적인 공부를 하면 돈이 나가기만 할 뿐 들어오지는 않는다는 말이다.

그렇다면 고객은 무엇을 위해 돈을 지불할까? 사람은 자신의 행복과 성공을 위해 돈을 쓰는 존재다. 아무리 값비싸도 얻을 수 있는 가치가 분명하다면 흔쾌히 지갑을 연다. 여기서 가치란 고객을 행복과 성공으로 이끄는 구체적인 성과와 변화다. 당신의 고객은 어떤 가치(성과와 변화)를 바라고 있는가? 이 한 가지 질문에만 집중한다면 당신의 주가는 날로 상승하고 결실로 돌아올 수입 역시 무서운 속도로 늘어날 것이다.

고객이 돈을 쓰면서라도 얻고 싶어 하는 가치를 찾아내고 정의하는 것이 출발점이다. 당신의 고객은 누구이며, 그 사람이 추구하는 가치는 무엇인가?

정리하면 다음과 같다.

> **공부** : 고객이 원하는 가치를 창출하는 인풋 & 아웃풋
> **성공** : 고객에게 가치를 선사하는 것
> **수입** : 고객에게 가치를 선사하고 받는 대가

'수십 권의 책을 읽어도 고객에게 가치를 선사할 수 없다면 아무런 성장도 기대할 수 없다'라는 생각을 머릿속에 심고, 당신이 하는 공부의 지향점은 언제나 고객이라는 사실을 명심하자. 그리고 이 책을 읽고 나서 당장 고객에게 연락을 취하자. "○○ 님의 발전을 위해 찾아뵙고자 합니다." 당신의 열의가 고객의 마음을 움직여 값

진 결과로 돌아올 것이다.

비즈니스는 책으로 배우는 게 아니다. 고객이야말로 비즈니스 실전을 경험할 수 있는 최고의 공부 소재다. 고객의 문젯거리를 해결하는 것이 곧 비즈니스이기 때문이다. 고객의 성공을 위해 고객의 목소리에 귀 기울이고 현시점에서 실행할 수 있는 일부터 시작하자. 회사원이라면 우선시해야 할 고객은 상사와 회사의 대표가 될 것이다. 자기중심 노선에서 고객 중심 노선으로 과감히 갈아타자.

05

자기 직업의
유효기간을 모른다

음식에 유통기한이 존재하듯 일에도 엄연히 유효기간이 존재한다. 일회용 카메라를 예로 들어 보자. 일회용 카메라는 과거 관광지에서 보기 쉬운 물건이었으나 지금은 디지털카메라와 스마트폰에 의해 대체되어 좀처럼 찾아보기 힘들다. 예전에 네덜란드 암스테르담을 여행했을 때 들렀던 무인 슈퍼마켓에서는 점원 역할을 로봇이 대신하고 있었다. 요즘은 커피 매장이나 식당만 가도 무인 키오스크를 흔히 볼 수 있다.

이렇듯 다양한 분야에서 무인화가 빠르게 진행되면서 유효기간이 끝나 가는 직업이 속출하고 있다. 전문 자격이 필요한 직업도 예외는 아니다. 일본의 대표적인 인재 채용 서비스 기업인 리크루트 홀딩스는 스타 강사들을 섭외하여 온라인 강의 서비스 '스터디 서플리'를 개시했다. 교과별로 최고의 선생님을 온라인으로 만날 수 있으니 전국의 학생들이 구름처럼 몰려든다. 칠판에 똑같은 내용을 쓰고 말하기를 반복하는 오프라인 강사와 달리 수많은 강의 틈에서 경쟁을 거쳐 살아남고 학생들의 선택으로 검증된 온라인 스타 강사는 어마어마한 보수를 받는다. 이처럼 수입의 양극화 현상은 날이 갈수록 심화되고 있다. 자기 시간을 팔면서 표준화된 일을 하는 사람은 이 흐름에 속수무책으로 당할 수밖에 없다.

반면 일선에서 무기한으로 활약하며 자신의 가치를 경신하는 사람이 있다. 유효기간이 끝나는 사람과 그렇지 않은 사람의 차이는 무엇일까? 그것은 바로 고객을 관찰하면서 자신의 역량을 꾸준히 업데이트하느냐 하지 않느냐에 달려 있다.

자기중심적으로 일하면 유효기간이 끝나 가는 흐름조차 느끼기 어렵다. 반면 고객 중심적으로 일하면 경쟁자들보다 더 나은 가치를 고객에게 선사하기 위해 고군분투하여 어떻게든 방법을 찾는다. 서비스의 속도와 질을 높일수록 덩달아 수입도 올라간다.
나는 각 부문의 사업에서 고객이 추구하는 성공이 무엇인지 정의하고 고객 성공을 실현하는 서비스를 내놓았고 끊임없이 개선했다. 직업의 유효기간이 임박하는 까닭은 이 과정을 게을리하기 때문이다. 변화에 관한 위기감과 고객에게 가치를 선사하는 기쁨 사이를 넘나들며 일을 즐기는 것이 유효기간을 무기한 연장하는 비결이다.

06

돈에 집착한다

자신이 무엇을 돈과 교환하고 있는지 되돌아보자. 프로들은 지혜
와 기술 그리고 신뢰를 돈과 교환한다.

나는 '비즈니스 교육 강사'란 직함에 걸맞게 비즈니스에 대한 '지
혜'와 매출을 올리는 '기술' 그리고 고객이 믿고 맡길 수 있는 '신뢰'
를 갖추기 위해 노력하고 있다. 이 3가지는 눈에 보이지 않는 요소
로 재무제표에 들어가지는 않지만 경제적 이익을 창출하는 데 결
정적인 역할을 하는 자산이다. 투자의 세계에서는 지혜와 기술을
기반으로 돈을 벌고, 신뢰를 바탕으로 유용한 정보를 수집해 앞서
번 돈을 굴려 더 큰돈을 벌어들인다.

푼돈에 눈멀어 귀중한 무형자산을 등한시하면 수익은 절대 올라가지 않는다. 자기 투자란 단순히 지식과 정보를 늘리는 것이 아니라 '눈에 보이지 않는' 무형자산을 늘리는 활동이다.

보수는 고객에게 제공하는 가치에 따라 결정된다는 사실을 잊지 말자. 어떤 요소가 고객이 원하는 가치를 창출하는지 파악하지 못하면 수입을 통제할 수 없다. 고객에게 필요한 가치를 창출하는 원천이 무엇인지 깨달을 때 공부 노선이 명확하게 보인다. 가치를 높이고 수입을 극대화하는 공부 노선에 대해서는 다음 장에서 자세히 살펴보기로 하자.

07

타인을
지나치게 의식한다

현대사회에서 다른 사람을 의식하지 않고 살아가기란 참으로 어려운 일이다. 나도 예전에는 어디에서든지 누군가 날 보고 있을 것 같다는 생각을 했다. 하지만 다른 이들은 생각보다 나에게 관심이 없다. 다들 자기 일에 신경 쓰느라 바쁘다. 특히 10억 원 플레이어를 목표로 하면서 타인을 지나치게 의식하는 것은 에너지 낭비일 뿐이다. 멘토, 선배, 가족, 고객 등 상대가 누구든 그 사람을 의식하는 것은 자기 잠재력을 옭아매는 일이나 다름없다.

멘토를 의식한다

나는 언제나 비즈니스 커뮤니티 회원들에게 '멘토를 뛰어넘는 성과를 내자'라고 강조한다. '멘토는 범접할 수 없는 존재고, 나는 미숙한 초보에 불과하다'라는 생각에 사로잡히면 스스로의 가능성을 제약할 우려가 있기 때문이다. '멘토의 가르침을 새겨듣고 성과로 보답하겠다'라며 배포를 두둑하게 갖는 사람은 나중에 반드시 결실을 맺는다.

선배를 의식한다

학교나 직장 선후배 관계에 얽매이는 사람이 있다. 과거의 상하 관계가 자꾸만 의식된다면 흡족한 성과를 낼 때까지 대면하지 않는 것도 방법이다. 진정한 프로들은 상하 수직 관계에 구애받지 않고 상대를 동등하면서도 예의 있게 대우한다. 사석이라면 몰라도 공적인 자리에서는 손윗사람이든 손아랫사람이든 서로 존칭을 붙여 예우하는 습관을 들이자.

가족을 의식한다

부모와 형제자매의 그늘을 벗어나지 못하는 사람도 있다. 부모에 대한 존경심과 부모의 재력을 뛰어넘겠다는 포부는 상충하는 것이 아니다. 부모는 자식이 잘되는 모습을 뿌듯하게 지켜본다. 오히려 부모를 능가하는 모습을 보이는 것이 효도가 될 수도 있다. 부모의 생각이 어떻든 자신의 인생을 살며 꿈을 펼치면 된다.

고객을 의식한다

인연이 오래된 고객을 배려한다는 이유로 보수를 올리지 않거나 고객 수를 제한하는 사람이 있다. 실적이 부진한 시절에 찾아 준 고객에게 감사한 마음을 느끼는 것은 당연하다. 그러나 관계에 대한 애착 때문에 다음 단계로 도약할 기회를 주저한다면 옳은 결정이라 볼 수 없다.

상황에 따라서는 오랜 사업 인연을 정리해야 하는 때도 찾아온다. 나 역시 10억 원 플레이어가 되어 비즈니스 모델을 대대적으로 바꾸면서 고객들이 대폭 교체되었으나 여전히 예전 고객들과 사석에서 만나며 돈독한 관계를 유지하고 있다.

멘토, 선배, 가족, 고객과 같은 타인을 지나치게 의식하면 잠재력을 발휘할 수 없으니 타인의 시선에서 벗어나 생각하고 행동하도록 치열하게 노력해야 한다.

08

부자로서의 자기 이미지를
확립하지 않았다

3장에서 '아침 명상에서 성공을 상상하고, 현실 세계에서 성공을 창조한다'라고 했다. 다시 말해 성공은 두 번 이루어진다는 이야기다. 인도 첸나이에서 열린 간부 명상 프로그램에 참여하여 얻은 가르침이다. 그때 하와이에서 부동산 투자가로 성공한 부부가 현지 코디네이터를 자처하며 나와 아내를 안내해 주었다. 이후에 하와이에 여행 갔다가 이들 부부를 다시 만나 이야기를 나눴다.

마인드풀니스 교육자로 활발히 활동하는 부인이 말했다. "당신에게 10억 원을 호가하는 경주마가 있다고 생각하세요. 그런 다음 어떤 먹이를 주고 어떤 환경에서 키우고 어떤 방식으로 훈련할지 구상하는 거예요. 10억 원이나 주고 산 말이라면 정성을 다해 돌보 겠죠?"

이처럼 10억 원 플레이어를 목표한다면 꿈을 실현하기 전부터 스스로를 10억 원 플레이어로 대우해야 한다. 10억 원 플레이어의 사고방식, 화법, 복장, 인간관계 등을 머릿속에 이미지로 그리고, 그린 대로 실현되었다고 믿는 것이다.

한 영적 마스터의 말을 빌리면 '끌어당김의 법칙'이란 원하는 대 상을 끌어당기는 것이 아니라 자신과 닮은 대상을 끌어당기는 것 이라고 한다.

그러니 지금부터 10억 원 플레이어의 이미지를 구상하자. 진정 으로 결단을 내리면 나의 이미지가 바뀌기 시작한다. 처음에는 어 색하게 느껴질 수 있다. 그러나 곧 자신이 상상한 이미지가 현실이 되는 순간을 맞이할 것이다. 속는 셈 치고 믿고 실천해 보라.

09

프로 의식을
갖추지 않았다

인간을 컴퓨터에 비유하면 인간의 마인드셋(사고방식)은 운영체제, 스킬은 응용프로그램, 노하우는 사용 설명서에 해당한다.

> 마인드셋(사고방식) = 운영체제
> 스킬 = 응용프로그램
> 노하우 = 사용 설명서

예컨대 이 원고의 일부는 워드프로세서라는 응용프로그램을 통해 작성되었다. 운영체제가 윈도우 95라면 정상적으로 작동하지 않을 것이며, 워드프로세서를 사용하지 않으면 설명서는 무용지물이다. 이처럼 운영체제, 응용프로그램, 사용 설명서를 고루 갖춰 사용하듯, 현실에서 마인드셋, 스킬, 노하우라는 삼박자를 조화롭게 굴려야 시너지 효과를 낼 수 있다.

운영체제는 특히 더 중요하다. 컴퓨터에 설치된 응용프로그램이 많아도, 자세한 설명서를 가지고 있어도 운영체제가 없으면 아무 의미가 없기 때문이다. 대부분의 프로그램은 운영체제에서 실행된다. 다시 말해 운영체제가 없으면 프로그램과 설명서의 존재는 무용지물인 것이다.

즉 적절한 마인드셋을 먼저 갖추고 나서 스킬과 노하우를 늘려 나가야 한다. 또한 기존의 운영체제를 정기적으로 업데이트하는 일도 게을리해서는 안 된다.

프로와 보통 사람의 차이는 무엇일까? 인터넷 검색을 통해 무료로 지식을 얻을 수 있는 시대가 열리면서 전문 지식만으로는 고객의 선택을 받기 어려워졌다. 이런 시대에 고객의 선택을 받는 프로는 어떤 사람일까? 어떤 마인드셋을 지니고 있을까?

자타 공인 고소득 사업가들이 탑재한 5가지 마인드셋을 소개한다. 내가 만난 프로들은 공통적으로 '이타적 행위', '공감', '고객 중심의 배경지식', '신념', '성실'이란 5가지 마인드셋을 갖추고 있었다.

마인드셋 1 | **이타적 행위**

"내게 이로우며 남에게도 이롭다." 일본 불교 천태종의 창시자 사이초最澄가 남긴 '자리리타自利利他'라는 말이 있다. 자리리타의 참뜻은 '남을 이롭게 하면 훗날 나에게 이익으로 되돌아온다'가 아니라 '남을 이롭게 하는 행위 자체가 곧 나의 행복이다'라고 어느 멘토가 알려 주었다. 기브 앤 테이크 개념이 아니라는 것이다. 특히 '테이크'에만 집중하면 속내가 뻔히 드러나게 되어 있다. 세일즈 스킬 따위를 구사한들 상대에게 장삿속이 금방 간파당하니 계약이 성사될 리 없다.

후반부에 10억 원 플레이어의 사례로 등장할 와타나베 시게루 씨를 잠깐 살펴보자. 와타나베 씨는 고수익을 내는 비즈니스를 운용하면서 자리리타의 정신을 제대로 구현하는 사람이다. 그는 건강 문제에 주력하는 약사로 예방의학을 바탕으로 한 의료 사업을 하고 있다.

예전에 도쿄에 있는 그의 사무실에 들른 적이 있다. 우리 부부는 점심으로 건강식을 대접받고 예방의학에 기반한 의학적 조언도 받았다. 사무실에 있는 3시간 동안 와타나베 씨는 아무런 대가도 바라지 않고 오로지 우리 부부와 자녀의 건강을 살뜰히 신경 써 주었다. '이타적 행위가 곧 자신의 행복'이라는 가치관을 삶에서 실천하고 있는 사람이었다. 사무실을 나올 때 몇 가지 물품을 구매했으나 설령 그러지 않았다 해도 와타나베 씨는 전혀 개의치 않았을 것이다.

마인드셋 2 | **공감**

프로는 상대의 발화에 얽매이지 않는다. 눈에 보이지 않는 상대의 감정, 사고, 상황을 깊이 읽어 내는 능력이 있기 때문이다.

비즈니스는 고객의 현재적 필요와 잠재적 필요에 대응하는 활동이다. 현재적 필요에 대응하는 것이 마케팅이라면 잠재적 필요에 대응하는 것이 이노베이션(변혁, 혁신)이다. 하지만 고객은 애써 자신의 필요와 문제들을 조곤조곤 일러 주지 않는다. 설문 조사를 해도 고객의 잠재적 필요를 파악하기 어려운 이유다. 따라서 눈에 보이지 않는 고객의 감정, 사고, 상황을 읽어 내는 능력이 절실히 필요하다.

자기중심적인 공부와 자기계발에 파고들어서는 고객의 심층적 필요를 파악할 수 없다. 다시 말해 공감에 기반하지 않은 스킬과 노하우 습득은 별다른 쓸모가 없다는 뜻이다.

내가 고문을 맡았던 교육원에는 탈퇴 희망자의 마음을 순식간에 돌려세우는 엄청난 내공의 카운슬러가 있었다. 그는 중도 하차를 고민하는 회원이 어떤 감정과 생각을 품고 있는지, 어떤 상황인지를 파악하는 능력을 지닌 사람이었다. 고객은 가족과 절친한 친구 이상으로 자신의 상황을 공감해 주는 그에게 거리낌 없이 마음을 열었다.

우연히 그 카운슬러의 상담 장면을 지켜볼 기회가 있었다. 30분가량 지나자 탈퇴 희망자였던 회원은 낯빛이 몰라보게 환해져 있었다. 결의에 찬 눈빛이었다. 이 카운슬러는 경청과 공감으로 파악한 고객의 잠재적 필요를 서비스에 반영하고, 결과적으로 고객을 성공으로 이끄는 원스톱 서비스를 구축해 경쟁력을 높이는 선순환을 만들어 내고 있었다.

마인드셋 3 | **고객 중심의 배경지식**

프로는 전문 지식뿐 아니라 입체적인 배경지식을 두루 겸비한 사람이다. 고객의 주변 사정에 매우 밝으니 양질의 상담 서비스를 제공한다. 폭넓은 배경지식의 원천은 고객이므로 '고객에게 배우는 자세'가 중요하다. 자기 이익만을 위해 서비스나 상품을 파는 것이 아니라 고객의 인생과 경력을 함께 설계해 나간다는 동반자의 마음으로 비즈니스에 임하는 것이다. 전문 지식과 입체적인 배경지식을 고루 갖추면 고객이 가장 먼저 찾는 사람이 된다.

내가 아는 영어 아카데미 대표는 전문 분야인 영어 교육은 물론이고 시사 흐름과 입시 및 진학 정보, 부모와 자녀 간의 소통법 등 다방면에 걸친 입체적 지식을 갖추고 있다. 학부모들은 '그 선생님이라면 아이의 진로를 다각도로 깊이 있게 살펴봐 주실 테니 상담을 받으러 가 보자'라며 앞다투어 그를 찾는다. 이처럼 고객은 자신의 고민을 한 번에 해결해 줄 사람을 필요로 한다.

마인드셋 4 | **강한 신념**

◇◇

프로는 자신의 신념을 관철해 나간다. 실패를 경험하거나 비판을 받으면 자신의 신념을 의심하기 쉽다. 그러나 줏대 없이 아무에게나 비위를 맞추려 애쓰는 마케팅은 아무에게도 깊은 인상을 심지 못하고 자신의 정체성마저 흐려 놓는다. '고객 중심' 마케팅은 모든 이의 환심을 사는 마케팅이 아니라 내가 목표한 고객층에게 맞춤한 차별화된 마케팅이다.

내가 운영하는 비즈니스 커뮤니티는 모두 1년 과정이다. 1년 과정으로 개설한 이유는 어떤 어려움이 와도 사계절이 지나는 동안 지속할 수 있는 신념이 있다면 목표의 크기와 상관없이 달성 가능하다고 믿기 때문이다. 신념이 1년도 못 갈 바에야 어떤 목표든 애당초 손대지 않는 편이 낫다. 신념을 지키면서 고객을 중심으로 생각하고 행동하면 새로운 기회가 물밀 듯이 찾아온다. 이렇듯 신념은 예기치 못한 난관에 부딪힐 때 빛을 발한다. 펀치 머신처럼 때리고 또 때려도 다시 일어서는 힘은 알량한 스킬과 노하우가 아닌 굳센 신념에서 나온다.

마인드셋 5 | **성실함**

세계적으로 3000만 부 이상 팔려 나간 자기계발서의 고전《성공하는 사람들의 7가지 습관》에서는 '성실'을 나의 말과 행동을 일치시키는 것, 즉 자기 자신과의 약속을 지키고 스스로의 기대에 부응하는 것으로 정의한다.

내가 믿고 따르는 한 영어 강사는 학생이 처음에 설정한 목표를 달성할 수 있도록 학습 과정을 예의 주시하면서 느슨해진다 싶으면 즉각 엄격한 피드백을 제공해 학생을 관리한다. 학생이 목표를 달성할 수 있도록 돕겠다는 약속을 지키기 위해 긴장을 늦추지 않는 것이다. 학생은 자신의 가능성을 믿고 자신이 목표를 달성할 수 있도록 관리해 주는 선생님과 학원을 선택하므로 이 영어 강사에게는 늘 학생들이 몰린다.

나도 두 해에 걸쳐 하루도 거르지 않고 음성 뉴스레터를 발송하면서 고객과 약속한 기한까지 결과물을 제공하기 위해 노력하고 있다.

사소한 약속을 잘 챙기고 지키는 '성실'이 밑바탕에 뿌리내리지 않으면 아무리 많은 스킬과 노하우를 습득한다 해도 영향력 있는 존재가 될 수 없다.

지금까지 소개한 프로의 5가지 마인드셋을 몸에 익혀서 장차 습득할 스킬과 노하우의 진가를 유감없이 발휘하자.

10

에너지가
분산되어 있다

돋보기로 태양열을 한곳에 모으면 낙엽을 태울 수 있다. 마찬가지로 큰 성과를 내려면 에너지를 한 분야에 집중해야 한다.

농구의 신으로 추앙받는 마이클 조던은 부친과의 약속을 지키고자 야구 선수로 전향한 전력이 있다. 하지만 특출한 운동 신경을 자랑하는 마이클 조던조차 프로 야구의 세계에서는 존재감을 드러내지 못했다. 그는 이후에 농구계로 돌아와 농구 역사에 위대한 발자취를 남겼다.

프로는 모든 것에 뛰어난 사람이 아니라 특정 분야에서 남보다 앞서 있는 사람이다. 자신이 돋보일 수 있는 하나의 분야에 집중하

자. 나 역시 최고의 가치를 창출할 수 있는 분야에 주력하고 그 밖의 영역은 다른 회원이나 외부 업체에 외주를 맡기고 있다. 외주를 맡길 때는 자신의 시간당 임금을 계산하여 그 금액 이하로 맡기면 된다.

전문 분야에 집중하고 그 이외의 분야는 다른 전문가들의 도움을 빌리는 방식을 택한 결과 보수 3000만 원을 받던 시절보다 일하는 시간은 줄어들고 보수는 늘어나게 되었다.

11

수익 창출 사이클을
구축하지 않았다

10억 원 플레이어들은 공부하면 할수록 부자가 되는 수익 창출 사이클을 구축해 놓는다. 그들은 먼저 고객의 성공을 정의하고 고객에게 어떤 가치를 제공할 수 있는지 연구한다. 이때 공부는 내가 아닌 고객을 위한 공부여야 한다. 공부를 통해 얻은 지식과 정보와 모든 노하우를 고객에게 전달하면 금전적 대가를 받는다. 이 사이클을 돌릴수록 고객에게 제공하는 가치는 커지고 당신의 수익은 증가하게 된다.

이런 튼튼한 기반 없이 닥치는 대로 공부만 하는 것은 밑 빠진 독에 물 붓는 것이나 다름없다. 지식과 정보라는 물을 붓기에 앞서 온전한 그릇부터 마련하자.

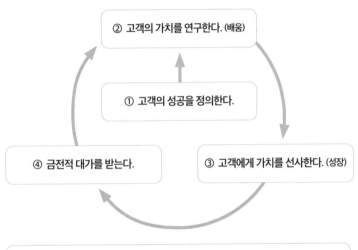

공부하면 할수록 부자가 되는 수익 창출 사이클

② 고객의 가치를 연구한다. (배움)

① 고객의 성공을 정의한다.

④ 금전적 대가를 받는다.

③ 고객에게 가치를 선사한다. (성장)

사이클을 돌릴수록 고객에게 제공하는 가치는 커지고 수익은 증가한다.

CHAPTER 5

10억 원을 낳는
성공 노트 만들기

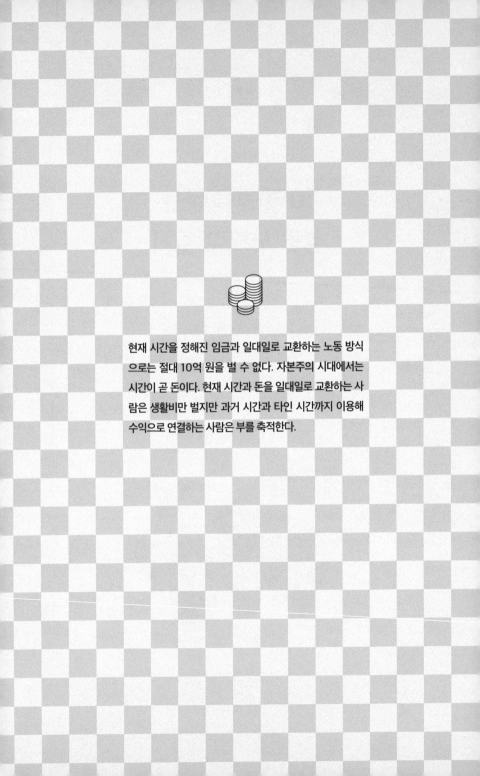

현재 시간을 정해진 임금과 일대일로 교환하는 노동 방식으로는 절대 10억 원을 벌 수 없다. 자본주의 시대에서는 시간이 곧 돈이다. 현재 시간과 돈을 일대일로 교환하는 사람은 생활비만 벌지만 과거 시간과 타인 시간까지 이용해 수익으로 연결하는 사람은 부를 축적한다.

01

당신은 무엇을
돈과 교환하고 있습니까?

내가 라멘 가게에서 아르바이트를 하던 시절에는 시간과 돈을 일 대일로 교환하는 삶을 살았다. 나의 1시간과 접시 닦는 노동력을 9000원에 팔아넘겼다.

이제는 식기세척기가 접시닦이를 대신하고 있다. 자기 시간을 팔아넘기면 지나간 그 시간은 더 이상 경제적 가치를 만들어 내지 못한다. 돈을 벌기 위해 평생 자기 시간을 야금야금 축내는 소모전을 치러야만 하는 것이다. 고도의 전문 지식을 요구하는 전문직이 나 컨설턴트, 영업 프로들의 사정도 별반 다르지 않다. 시급이 높을 뿐 하던 일을 그만두는 순간 수입이 끊긴다. 요컨대 자신의 '현재 시간'만을 정해진 임금과 일대일로 교환하는 노동 방식으로는 절대 10억 원을 벌 수 없다는 것이다.

앞으로 계속 등장할 '현재 시간'이란 키워드를 잘 기억해 두자.

'과거 시간'과 '타인 시간'을 이용하라

시급 9000원을 받던 내가 10억 원 플레이어로 거듭난 것은 현재 시간을 축내는 일을 그만두면서부터다. 그 대신 '과거 시간'과 '타인 시간'을 이용해 가치를 만들어 내는 새로운 판을 짰다.

'과거 시간'이란 말 그대로 지나간 시간이다. 예를 들면 이 책은 당신의 현재 독서 시간 이전에 쓰였다. 나의 과거 시간을 이용해 집필한 원고가 현재는 물론 미래에도 지식적 가치와 경제적 가치를 낳고 있는 것이다.

게다가 내가 직접 책의 내용을 전달할 필요 없이 독자가 친히 책을 사 읽으니 다른 사람의 시간, 즉 '타인 시간'을 이용하는 셈이다. 이처럼 나는 과거 시간과 타인 시간을 이용해 다양한 가치를 만들어 내는 사업을 굴리면서 내가 일하는 시간과 상관없이 해마다 수입을 늘리고 있다.

마케팅과 세일즈도 과거 시간과 타인 시간을 이용하는 활동이다. 예를 들어 내가 공식 사이트에 올린 기사와 영상들은 과거에 제작한 콘텐츠다. 잠재적 고객이 사이트에 접속해 자기 시간을 써 가며 콘텐츠를 소비한다(그리고 높은 확률로 그들은 나의 고객이 된다). 사업주의 경우 고용한 직원들의 시간을 사고 그 대가로 시급 또는 월급을 지불한다. 반면에 내가 만들어 올린 콘텐츠는 나의 분신이 되어 연중무휴 무급으로 일한다. 사기를 끌어올리고 동기를 부여하기 위해 애쓸 필요도 없다. 콘텐츠는 나이를 먹거나 병들지도 않는다.

유튜버의 급이 다른 수익 창출 구조

여기까지 읽었다면 유튜버와 TV 프로그램에 출연하는 배우의 수익 창출 구조가 완전히 다르다는 사실을 알아챘을 것이다. 배우가 단 한 번 받는 출연료는 현재 시간만을 돈으로 교환하는 일회성 수입이다.

반면에 유튜버는 업로드한 영상의 조회수에 따라 수익이 달라진다. 조회수가 올라가면 수익도 늘어난다. 과거 시간과 타인 시간을 이용해 돈을 버는 대표적인 예다. 장기적인 관점에서 보면 어느

쪽이 더 많은 수익을 가져갈지 극명하게 드러난다. 접시닦이를 하며 유튜브를 시청하는 사람은 유튜버를 위해 자기 시간을 내주며 '공짜 일'을 하는 셈이다. 이것이 바로 현대판 부익부 구조다.

현재 시간만을 돈으로 교환하는 사람은 생활비를 벌지만 과거 시간과 타인 시간까지 돈으로 교환하는 사람은 부를 축적한다.

02

무형자산이
수익을 창출한다

과거 시간과 타인 시간을 활용해 수익을 얻으려면 사람들이 기꺼이 자기 시간을 쓸 만한 가치 있는 콘텐츠를 갖춰야 한다. 내용이 별 볼 일 없으면 경제적 가치로 이어지지 않는다.

알찬 내용은 거저 나오지 않는다. 내 주위의 10억 원 플레이어들은 눈에 보이지 않는 자산, 즉 무형자산을 늘리고 그것을 다시 돈으로 연결하고 있다. 이처럼 무형자산은 수익과 직접적으로 연관되는 중요한 요소다. 그렇다면 무형자산이란 무엇일까?

> **무형자산의 종류**
>
> · 지식 자산 : 전문 지식
> · 정보 자산 : 유익한 정보와 데이터
> · 신뢰 자산 : 신망과 공신력
> · 인맥 자산 : 관계망과 핵심 인사와의 연결 고리

요즘에는 유튜브에서 거의 모든 것을 배울 수 있다. 유튜브에는 요리법부터 시작해서 운동법, 소프트웨어 조작법, 언어 관련 지식 등 없는 영상이 없다. 또한 유튜브뿐만 아니라 다양한 플랫폼을 이용해서 나에게 필요한 지식을 가르쳐 주는 사람을 찾을 수도 있다. 이렇게 누군가가 필요로 하는 지식을 콘텐츠로 만들어 파는 사람은 과거 시간과 타인 시간을 이용해 자신의 지식 자산을 돈과 교환하는 셈이다.

주식 관련 정보를 제공하는 이들도 많다. 예를 들어 한 유튜버는 주식 관련 영상을 올리면서 멤버십 가입을 한 구독자에 한해 별도의 고급 정보를 제공한다. 이 사람은 자신의 정보 자산을 돈과 교환하는 것이다.

신뢰 자산은 모든 영업인이 돈을 받고 파는 자산이다. 애초에 신뢰 자산이 없으면 일이 들어오지 않는다. 미덥지 않은 사람에게 고객이 자기 돈을 맡길 리가 없다. 탈세 혐의로 물의를 빚은 이들은 당장의 이익에 눈멀어 장래의 신뢰 자산을 날리는 사람들이다. 한 멘토가 들려준 말이 있다. "신뢰를 쌓는 데는 시간이 걸린다. 그러나 신뢰를 잃는 건 한순간이다."

한편 영업 고수들은 인맥 자산을 적극적으로 활용한다. 보험 설계사 A는 자신의 인맥 자산을 살려 VIP급 고객들과 잇달아 계약을 맺고 있다. 보험 상품은 누구를 통해 가입하나 똑같지만 A가 핵심 인사에게 다리를 놓아 주리란 기대감에 고객들은 똑같은 보험 상품이라도 A를 통해 가입하는 것이다. 게다가 A는 다른 고객의 인맥 자산까지 빌려 신규 고객을 소개받아 계약 건수를 늘리고 있다.

이처럼 10억 원 플레이어들은 무형자산을 늘리고 과거 시간과 타인 시간을 이용해 부를 축적해 나간다.

무형자산은 공유할수록 늘어난다

원래 나는 돈에 대한 포부가 큰 편이 아니었다. '돈을 밝히는 태도는 속물스럽다', '부정을 저지르지 않고서는 떼돈을 벌기 어렵다'라는 통념을 주입받아 왔기에 검소하고 청빈한 삶이 곧 행복이라고 믿었다. 그런 까닭에 늘 형편이 넉넉하지 않았다.

그런데 언젠가부터 그런 고정관념에서 벗어나 돈 버는 재미에 푹 빠지게 되었다. 무형자산은 공유하면 할수록 사람들의 환영을 받고, 많이 공유할수록 손실되지 않고 오히려 늘어난다는 사실에 눈떴기 때문이다. 더욱이 자산을 공유한 당사자가 가장 많은 이익을 누릴 수 있다는 깨달음도 얻었다.

현금은 누군가에게 내주면 수중에서 사라진다. 지갑에서 10만 원을 꺼내 누군가에게 주면 당연히 내 자산은 10만 원만큼 줄어든다. 하지만 지식은 어떨까? 이 책의 내용을 수많은 독자에게 공유한다 한들 나의 지식은 사라지지 않는다. 오히려 다른 사람에게 알기 쉽게 전달하기 위해 노력할수록 나의 지식은 체계화되고 학습이 촉진된다. 전달력을 높이기 위해 자연스럽게 더 연구하고 고민하게 될 것이기 때문이다.

그렇다면 신뢰 자산은 어떤가? 예전에 한 잡지의 특집 기획으로 일면식도 없던 작가 B와 대담할 기회가 있었다. 그는 두 차례의 상장 경험을 보유한 실력 있는 경영자였던지라 내심 긴장하며 만나는 날을 기다렸다. 다행히도 당일 공동 패널로 참여한 베스트셀러 작가 H 덕분에 훈훈한 분위기에서 대담을 마쳤고 사석에서 식사할 만큼 친밀해졌다. H의 신뢰를 빌려 B와도 신뢰 관계를 맺을 수 있었던 것이다. 나중에 우리 두 사람은 H에게 감사 메일을 보냈다. 세 사람 모두 손해 보지 않으면서 흡족한 결과를 얻은 것이다.

인맥 자산도 다를 바 없다. 내가 운영하는 비즈니스 커뮤니티에는 전국 각지의 쟁쟁한 사업가들이 모여든다. 그들은 커뮤니티에서 쌓은 인맥을 바탕으로 협력하고 서로 고객을 주선하며 함께 성장을 도모해 나가고 있다.

이처럼 공유할수록 늘어나는 무형자산의 속성과 이를 통해 더불어 행복해질 수 있다는 희망에 눈뜨면서 나는 10억 원 플레이어의 꿈에 가속 페달을 밟게 되었다.

이제부터 본격적으로 10억 공부법의 핵심인 성공 노트에 대해 이야기할 것이다. 이쯤 되면 성공 노트의 내용이 무엇인지 감이 올 것이다. 그렇다. 지금까지 설명한 무형자산을 늘리고 과거 시간과 타인 시간을 이용하여 수익을 만들어 내는 방법이다.

03

무형자산을
무한대로 늘리는 비법

먼저 자신의 이름을 내건 공식 사이트를 만들자. 공식 사이트는 무형자산을 확충하면서 과거 시간과 타인 시간을 이용해 돈을 벌어들이는 역할을 톡톡히 수행한다. 나와 나의 고객들은 본인 명의의 웹 사이트를 운영하면서 순식간에 보수를 끌어올렸다. 나의 공식 사이트에 게재된 다양한 콘텐츠들을 대략적으로 분류해 보면 다음과 같다.

- 전문 지식 및 정보
- 전문가 인터뷰
- 고객 성공 사례

• 전문가의 추천 메시지

모두 무형자산에 해당하는 지식 자산, 정보 자산, 신뢰 자산, 인맥 자산이다. 또한 작성한 기사와 제작한 영상은 미래에도 시청자의 시간을 이용해 소비되며 계속해서 가치를 만들어 낸다. 게시물 수는 나날이 늘어나고 그럴수록 공식 사이트의 가치도 덩달아 올라간다.

10여 년 전 아르바이트 생활을 하던 나에게는 지식 자산, 정보 자산, 신뢰 자산, 인맥 자산이 전무하다시피 했다. 하지만 공식 사이트를 주축으로 무형자산을 차곡차곡 쌓아 나가는 것을 게을리하지 않았고 그 결과 나의 경제적 가치가 커지게 되었다.

내용보다 내용을 말하는 사람이 중요하다

일본 내에서 한 의료 정보 사이트가 타 사이트의 게시글을 도용한 사실이 드러나 파장을 일으킨 적이 있다. 저작권 침해 논란이 불거지자 결국 그 사이트는 임시 폐쇄되었다. 이처럼 인터넷상의 콘텐츠는 표절하기도 당하기도 쉽다. 그렇다 보니 콘텐츠 자체의 신뢰도가 점점 떨어지고 있다.

반면 화자 자체의 신뢰도를 따지는 경향은 두드러진다. 짧은 글을 읽더라도 '누구의 콘텐츠인가?'를 확인하고 그에 따라 그 콘텐츠의 내용을 얼마만큼 믿을지를 판단한다. 야구 초심자가 늘어놓는 야구 철학에 사람들은 아무 관심도 없다. 그러나 똑같은 내용이라도 이치로 같은 프로 선수가 말하면 귀담아듣고 감화를 받는다.

화자가 속한 위치도 중요하다

최근 연예인 및 인플루언서들을 동원한 마케팅의 폐해가 드러나고 있다. 기업에서 광고비를 받았으면서도 명확한 광고 의도를 드러내지 않은 채 은근슬쩍 상품을 홍보하는 방식으로 사람들을 속이는 것이다. 오랜만에 연락이 닿아 만난 동창생이 다단계를 권유했다는 이야기도 심심찮게 들린다.

네트워크 비즈니스는 마케팅 수단의 일환일 뿐 그 자체로 좋고 나쁨을 평가할 수 없다. 그러나 특정 기업과 조직에 몸담으면 부지불식간에 신뢰 자산을 잃을 위험이 있다. 팔이 안으로 굽지 않겠냐며 조직의 이익을 대변하는 사람으로 보는 시선 때문에 화자 개인의 발언은 힘을 잃는다. 고객은 한결같이 상품의 장단점만을 따져 선택하고, 차별화된 이름값을 쌓지 못하는 직원은 대체 가능한 세일즈맨으로 전락한다. 특정 조직에 기대지 않고 자신의 이름값 하나로 영향력을 발휘하는 사람이 큰 신뢰를 얻는다.

자기 이름을 내건 포털 사이트를
만드는 것이 최고의 공부법

자신의 이름을 내건 포털 사이트를 만들고 고객에게 유익한 정보를 전달하는 것은 10억 공부법의 핵심이다. 나와 고객들은 이 방법으로 10억 원을 웃도는 수입을 거두고 있다.

블로그를 운영하는 사람은 많지만 실제로 수익을 내는 사람은 적다. 어떻게 해야 자기 주가를 올리고 거액을 지불하는 의뢰인들을 끌어모을 수 있을까? 고객의 성공을 실현하면서 장기적인 파트너십을 구축하는 방법은 무엇일까?

지금부터 10억 공부법의 구체적인 전략을 소개하겠다. 10억 공부법은 무용한 공부는 그만두고 효율적으로 돈을 버는 공부법이다. 우리의 인생은 유한하다. 철저한 시간관념을 갖춘 10억 원 플레이어들은 시간 대비 효율을 향상시키며 부를 창출한다.

비즈니스는 스포츠다!
매출이 득점, 경비가 실점, 득실점 차가 이익이다

스포츠는 승자와 패자를 가르는 게임이다. 프로는 라이벌을 물리치고 우승하기 위해 맹훈련을 거쳐 경기에 임한다. 그러나 비즈니스 세계에서 프로는 고객과 경쟁하지 않는다. 고객과 윈윈하는 것만이 사업을 장기적으로 성공시킬 수 있는 유일한 방법이다.

나의 억만장자 스승은 '매출이 득점, 경비가 실점, 득실점 차가 이익이다. 이익 10억 원을 목표하라'라고 했다. '경비는 실점이 아니다'라는 주장도 있을 테지만 게임의 특성을 살리기 위한 설정이니 이해해 주기를 바란다.

인생의 묘미는 스스로 성공을 정의하고, 성공 원칙을 세우고, 고객과 라이벌, 그리고 멘토와 인연을 맺으며 목표 달성 과정을 즐기는 데에 있다.

"매출이 득점, 경비가 실점, 득실점 차가 이익이다. 이익 10억 원을 목표하라!"

나는 노트, 컴퓨터, 스마트폰에 위 문장을 적어 놓고 비즈니스 세계에 뛰어들었다. 개중에는 수익을 투자 자금으로 운용하여 비즈니스를 성장시키고 싶어 하는 사람도 있다. 사업 수익을 확보하기 위해 일부러 자신의 연봉을 동결해 이익을 늘리려는 경우라면 연봉과 영업이익을 합해서 10억 원을 만드는 것을 목표로 삼자.

달성 시기는 제각기 다르겠지만 한눈팔지 않고 끊임없이 질문과 실천을 거듭하면 수익 10억 원을 만드는 목표는 반드시 실현된다.

성공 노트
작성법

1단계 타깃 고객을 찾고 고객의 성공을 정의한다.
2단계 성공 공식을 만들고 성과 지표를 설정한다.
3단계 고객 성공에 필요한 전문 분야를 설정한다.
4단계 고객 성공의 관점에서 인풋과 아웃풋을 반복한다.

1단계 | 타깃 고객을 찾고 고객의 성공을 정의한다

당신의 경제적 성공은 고객의 성공에 달려 있다. 따라서 성공 노트
에는 하나부터 열까지 고객의 성공을 돕는 아이디어들을 담아야

한다. 반대로 자기 형편에 관해 끄적이면 공부 노선은 자기중심으로 흘러가고 돌아오는 것은 근심뿐이다. 고객이 없으니 매출이 나올 리 없다. 근심을 해소한답시고 이런저런 헛돈을 들이다가 결국 그나마 수중에 남아 있던 돈까지 날리고 마는 악순환을 되풀이하게 될 것이다.

나는 이제까지 다수의 억만장자와 10억 원 플레이어들을 만나 교류해 왔다. 그 가운데 업계에서 롱런하는 이들을 살펴보니 하나같이 고객 중심의 비즈니스를 실천했다는 점이 같았다. 사람은 자기 일에는 무사안일하게 구는 경향이 있다. 내가 10억 원 플레이어가 된 이유는 고객의 성공을 보장하고 있기 때문이다. 내 사정만 생각했다면 책임감과 사명감이 덜했을 것이다.

타깃 고객을 구체화하자

'어떤 고객을 타깃으로 삼아야 할지 모르겠다'라는 질문을 자주 받는다. 비즈니스는 고객의 과제를 해결하는 활동이다. 그러므로 고객을 구체화하지 못하면 비즈니스에 시동조차 걸 수 없다. 타깃 고객을 정할 때는 2가지 선택지가 있다.

- 나 혹은 과거의 나를 고객으로 삼는다.
- 성공을 안겨 주고 싶은 사람을 고객으로 삼는다.

당신이 지속적으로 호기심과 열정을 가질 수 있는 대상을 선택하는 것이 중요하다. 그리고 무엇을 위해 이 고객을 지원하고 싶은지 그 목적을 생각한다.

이때 '돈이 되느냐 마느냐'란 잣대에 매몰되지 말자. 이윤을 목표로 삼으면 이윤을 얻고 난 후 얼마 못 가 의욕이 시들해진다. 학교시험도 마찬가지다. 중학생 시절 나는 오로지 고교 입시에 매달려 공부했다. 그보다 먼 미래는 조금도 내다보지 못한 채 말이다. 그래서인지 1지망 고등학교에 합격한 다음 날부터 학교에 가고 싶은 마음이 사라졌다. 학교에 가는 목적을 더 이상 찾지 못했기 때문이다.

이윤만을 잣대로 삼는 근시안적 시각은 장기적인 경력을 쌓는데에 보탬이 안 된다. 의욕 저하로 인한 고통은 돈이 없는 고통과는 또 다르다. 사람이 왜 돈에 목매는가. 돈 이외의 목적이 없기 때문이다. 이 점을 염두에 두고 고객의 성공을 정의하자.

고객의 성공을 어떻게 정의할까?

먼저 고객의 성공이 무엇인지 명확히 정의해야 한다. 정의가 모호하면 학습 방식도 모호해진다. 이때 SMART 목표설정법을 활용하여 명확성을 높이자. 'SMART'는 목표 설정에 필요한 5가지 요소의 머리글자를 딴 약자다.

SMART 목표설정법

Specific (명확한 목표인가?)

Measurable (측정 가능한가?)

Attainable (달성 가능한가?)

Relevant (연관성이 있는가?)

Time-Bound (기한이 있는가?)

예를 들어 내가 운영하는 비즈니스 커뮤니티에서는 '교육형 비즈니스로 3개월 안에 월수입 1000만 원을 달성하여 유지하기'를 목표로 세우고 있다. 이 목표를 SMART 목표설정법으로 정리하면 다음 페이지의 표와 같다.

이렇게 SMART 목표설정법으로 정리한 내용을 고객에게 보여주고 성공을 함께 실현하는 파트너십을 구축하자.

- Specific (명확한 목표인가?) → 수치로 나타낼 수 있어 명확하다.
- Measurable (측정 가능한가?) → 수치로 측정할 수 있다.
- Attainable (달성 가능한가?) → 50명 이상 달성한 선례가 있다.
- Relevant (연관성이 있는가?) → 수강생의 성공과 밀접한 관련이 있다.
- Time-Bound (기한이 있는가?) → 1년 과정이라는 시한이 있다.

덧붙여 회사원의 경우는 경영자 또는 상사를 첫 고객으로 삼으면 된다. 회사원에게 급여를 지불하는 주체는 회사의 최종 소비자가 아니라 회사다. 상사와 경영자의 성공을 정의하고 성과 지표를 달성하도록 지원하면 당신도 나란히 성공하는 셈이다.

2단계 | 성공 공식을 만들고 성과 지표를 설정한다

고객의 성공을 구체적으로 정의했다면, 목표를 향해 직진하기 전에 먼저 성공 공식과 성과 지표를 설정해야 한다. 그래야 중간에 길을 잃지 않는다. '어떻게 목표를 달성해야 하나' 하는 고민은 이 단계에서 모두 끝내는 것이 좋다. 효율적으로 성과를 내기 위해서는 정체되는 시간을 최소화해야 하기 때문이다. 또한 성공 여부를 객관적으로 파악할 수 있는 기준인 성과 지표를 설정하면 성공으로 가는 길이 한층 더 명확해진다. 어떻게 성공 공식을 만들고 성과 지표를 설정하는지 나의 다이어트 경험에 적용하여 살펴보자.

다이어트 성공이 쉬운 이유

다이어트는 식은 죽 먹기다. 이 말에 발끈한 독자들은 욱하는 마음을 잠시 가라앉히고 계속 읽어 보기를 바란다. 나는 두 달 만에 13킬로그램을 감량하고서 5년 동안 요요 현상 없이 체중을 유지해 왔다. 내가 다이어트에 성공할 수 있었던 이유는 성공 공식을 적용했기 때문이다. 먼저 4단계 성공 공식은 다음과 같다.

성공 공식 4단계

❶ 고객의 성공을 정의한다.
❷ 성공 여부를 판단할 수 있는 성과 지표를 설정한다.
❸ 성과 지표를 달성하기 위한 전문 지식을 배운다.
❹ 성과가 나오는 행동을 습관화한다(무의식중에 나오는 행동으로 굳힌다).

＊성과 지표 = 성공 여부를 객관적으로 판단할 수 있는 기준

위의 성공 공식을 다이어트에 적용한 경우를 살펴보자.

성공 공식을 다이어트에 적용한 경우

❶ 고객(나)의 성공을 정의한다.

　→ 체중을 감량하고 건강을 되찾고 싶다.

❷ 성공 여부를 판단할 수 있는 성과 지표를 설정한다.

　→ ○ 개월 후 체중 ○ 킬로그램, 체지방률 ○ 퍼센트에 도달한다.

❸ 성과 지표를 달성하기 위한 전문 지식을 배운다.

　→ 식단/수면/운동/심리 관련 지식

❹ 성과가 나오는 행동을 습관화한다 (무의식중에 나오는 행동으로 굳힌다).

　→ ❸에서 얻은 지식이 습관으로 자리 잡도록 날마다 실천한다.

이 4단계를 실천하면 살이 빠질 수밖에 없다. 요요 현상을 반복하며 다이어트에 수없이 실패한 나도 결국 체중을 감량했다.

다이어트나 비즈니스나 성공 방식은 다르지 않다. 성과 지표와 필요한 전문 지식이 달라질 뿐이다.

고객 성공은 계약 전과 계약 후 모두 필요하다

나를 상품으로 삼아 억대 수입을 올리는 방법은 간단하다. '고객수×가치'를 최대화한다. 즉 더 많은 고객에게 더 높은 가치를 안겨주어 고객의 선택을 받는 것이다.

계약 전이라면 고객이 안심하고 계약을 맺게끔 이끌고, 계약 후라면 고객이 성공을 실현하도록 지원하면서 당신의 가치를 지속적으로 느끼게 해야 한다.

3단계 | **고객 성공에 필요한 전문 분야를 설정한다**

고객 성공에 필요한 전문 분야를 최소 4가지 이상 설정하자. 그리고 그 분야에서 전문성을 갖출 때까지 끊임없이 공부하자. 가장 확실한 방법은 장기적으로 성과를 내는 사람을 찾아가 조언을 구하는 것이다. 일회성 성공에 그치는 한탕형 플레이어와 달리 오랜 기간 비즈니스의 부침을 겪으며 호재와 악재를 모두 경험한 장수형 플레이어는 경험치를 바탕으로 명확하고 탄탄한 성과 지표를 설정하여 장기적으로 성과를 올린다. 주변에 마땅한 사람이 없는 경우에는 자신이 속한 업계에서 활약하는 인물을 본보기로 삼아 배우도록 하자.

　자신의 경력을 업그레이드하기 위해 공부하는 사람들은 많다. 그러나 비즈니스에서 고객 성공과 전문 분야를 확실하게 정의하지 않으면 공부의 방향을 혼동하게 된다. 다음 페이지의 그림처럼 시트를 만들어 일목요연하게 정리하는 것이 공부의 첫걸음이다. 그러고 나서 각 분야의 노하우를 쌓으면 성공 노트의 두께와 깊이가 날로 두터워질 것이다.

고객 성공을 위한 전문 분야 정리

전문 분야 1 × 전문 분야 2 × 전문 분야 3 × 전문 분야 4

전문 분야 1 (   )

-
-
-
-
-
-
-

전문 분야 2 (   )

-
-
-
-
-
-
-

고객
성공

전문 분야 3 (   )

-
-
-
-
-
-

전문 분야 4 (   )

-
-
-
-
-
-

4단계 | **고객 성공의 관점에서 인풋과 아웃풋을 반복한다**

고객 성공에 필요한 전문 분야에 관한 공부를 계속하다 보면 보고 듣고 경험하는 모든 것들이 고객 성공의 관점에서 이루어진다.

예를 들어 고객 성공을 고객의 건강 증진으로 정의하고, 전문 분야를 식사·수면·운동·심리로 설정한 사람은 '식사·수면·운동·심리'라는 4가지 관점으로 세상을 바라볼 수 있게 된다.

더 구체적으로 들어가 보자. 나는 지금 단식 합숙을 하며 이 원고를 쓰고 있다. 고객 성공과 전문 분야를 위와 같이 설정해 놓으면 단식 합숙은 '식사·수면·운동·심리'라는 4가지 각도에서 체험할 수 있는 훌륭한 학습 거리가 된다. 그리고 한층 더 입체적이고 적극적으로 삶을 경험하게 된다. 이때 느껴지는 생동감은 완전히 새로 태어난 듯한 느낌일 것이다. 예를 들어 '명상 후에 식사량이 줄어드는 체험'을 했을 때 스스로 이유를 찾거나 코치에게 물어 '명상을 하면 마음의 허기가 채워져 식욕이 줄어든다'라는 사실을 깨닫는 순간이 온다. 이것이 바로 추상화다.

구체적인 경험 자체는 똑같은 상황이 반복되지 않는 이상 달리 써먹을 길이 없다. 그러나 본질만을 뽑아내 추상화하면 어떤 상황에서든지 응용할 수 있다. 영업 프로들은 업종에 구애받지 않고 구체와 추상 사이를 줄타기하며 능숙히 균형을 잡는다. 추상화한 지식을 성공 노트에 축적하고 시의적절하게 구체적인 행동으로 옮겨 성과를 내는 것이다.

내가 날마다 고객들에게 발송하는 3분 음성 뉴스레터는 다양한 의의를 지니고 있는데, 그 가운데 하나가 추상화를 통한 지식 스톡 만들기다.

하루를 마무리하는 시간에 PDCA 체크리스트로 그날을 돌아보며 사건과 경험을 추상화한 지식 스톡을 만들고 다양한 업종에 종사하는 고객에게 유익한 정보를 제공한다. 물론 번뜩이는 발상이 꼭 PDCA를 통해서 떠오르는 것만은 아니므로 늘 노트와 전자 기기를 끼고 다닌다.

고객 성공의 관점으로 모든 것을 접하면 평범한 일에서도 발상이 떠오르고 영감을 얻을 수 있다. 그렇지 않으면 좋은 정보와 기회들이 떠내려가고 만다.

1인 미디어로
전달하라

나는 날마다 뉴스레터를 발송하면서 다음 항목을 실천하고 있다.

- 구체적인 경험을 통해 배운 것을 추상화하여 지식 스톡을 만든다.
- 고객에게 유익한 정보를 발송하여 신뢰를 쌓는다.
- 끊임없이 반성한다.

이것이 학습의 최소 단위 사이클이다. 일일 뉴스레터로 매일 학습 사이클을 돌리면서 고객에게 제공하는 가치를 높이고 대가로 돌아오는 보수도 늘리는 구조다. 글, 음성, 영상, 무엇이든 좋으니 일일 뉴스레터 발송 시스템을 갖추기를 권한다.

지식 스톡 만들기: What, Why, How

_{◌⋄◌}

목표를 설정한 후 그 방법을 What, Why, How로 정리하여 지식 스톡으로 만들면 행동으로 옮기기 한층 더 쉬워진다.

예컨대 10억 원 플레이어가 되기 위한 방법 중 하나로 1인 미디어를 제작하는 것이 목표라면 오른쪽과 같은 지식 스톡을 만들 수 있다.

이렇게 What, Why, How로 지식 스톡을 저장하면 행동으로 옮기는 데에 부담이 없고 마음이 편안하다. 결과적으로 성과를 내기도 쉬워진다.

그래서 나는 어떤 일을 할 때 무엇을, 왜, 어떻게 해야 하는지를 명확하고 구체적으로 설계하는 데 많은 노력을 쏟는다. 그리고 이에 대해 전혀 모르는 사람에게 들려주어도 "잘될 것 같다!"라는 반응이 나올 때까지 빈틈을 꼼꼼하게 채워 넣는다.

나는 처음에 '세계 일주를 하는 10억 원 플레이어가 되겠다'라는 결단을 내리고 기필코 이루고야 말겠다고 다짐했다. 다짐을 실천하기에 앞서 세계 일주를 다녀온 일행 4인방에게 경험담을 듣고 또 해외에서 거주하며 사업을 굴리는 기업가들을 만나기 위해 말레이시아, 싱가포르, 하와이로 찾아갔다. 나의 목표와 그 목표를 달성하고 싶은 이유를 전달하고 이상적인 미래상이 완벽히 그려질 때까지 '어떻게'로 시작하는 질문을 하고 다녔다. "어떻게 하면 세계 일주와 10억 원 플레이어를 병행할 수 있을까요?"

이렇듯 내가 가고 싶은 길을 먼저 간 사람들에게 얻은 가르침, 책에서 익힌 지식, 몸소 실현하는 인물을 먼발치에서 바라보며 얻은 깨달음 덕분에 목표를 이룰 수 있었다.

예전에 "고바야시 씨는 처음 손대는 일도 척척 성공시키니 정말 대단합니다"라는 말을 들은 적이 있다. 전쟁터에 나가기 전에 미리 승리 시나리오를 머릿속에서 시뮬레이션한 덕분이다. 특출한 재능도 없고 특별한 교육을 받은 적도 없는 평범한 나의 머리로는 비상한 아이디어를 내기 어렵다고 생각했다. 난생처음 도전하는 일에 대한 해법이 나에게 있을 리가 없었다. 그렇다면 성과를 거둔 선발 주자의 경험을 잠시 빌리는 편이 훨씬 효과적이지 않겠는가.

우리는 배움을 통해 인생을 원하는 대로 자유로이 실현할 수 있다. 실제로 그런 삶을 살고 있는 사람들이 그 사실을 증명한다. 성공한 사람들은 하나같이 "시간은 미래에서 과거로 흘러온다"라고 말한다. 원하는 미래상을 먼저 그리고 구체적인 목표를 What,

> ### 지식 스톡 만들기
>
> - **What** : 10억 원 플레이어가 되기 위해 1인 미디어를 제작하자.
> - **Why** : 무일푼에서 10억 원 플레이어가 된 사람들은 무형자산을 경제적
>   가치로 연결했기 때문이다. 1인 미디어에 축적된 무형자산(지식·
>   정보·신뢰·인맥 자산)이 미래에 부를 창출한다.
> - **How** : (STEP 1) 고객이 진정으로 원하는 바를 성공 노트에 적는다.(잠재
>   적 필요도 포함시킨다.)
>   (STEP 2) 고객에게 유용한 4가지 무형자산을 적는다.
>   (STEP 3) 수집한 지식·정보를 결과물로 만든다.
>   (STEP 4) 고객에게 정기적으로 피드백을 받고 개선한다.

Why, How로 정리하여 현실 세계에서 실현하는 것이다.

반면에 과거에서 현재로 그저 흘러가는 대로 살면 무미건조한 상투적인 인생을 살게 된다. 예전의 내가 그랬다. 과거의 실패에 끌려다니는 것이 가장 위험하다.

앞서 말했듯 나는 스물여덟 살에 외주 계약이 해지되면서 라멘 가게에서 아르바이트를 할 정도로 경력이 곤두박질쳤다. 그런 탓에 '나는 사회에서 무가치한 사람'이라고 스스로를 단정 지었다. 하지만 억만장자 사장을 만나 10억 공부법을 배운 계기로 새로운 삶을 시작해 여기까지 왔다. 그러니 당신도 과거에 끌려다니는 삶은 이제 그만 접으라고 당부하고 싶다. 당신은 다른 사람의 명석한 지

혜를 빌려 자유로이 미래를 실현할 수 있다.

콘텐츠는 베껴도 이야기는 베끼지 못한다

What, Why, How로 만든 지식 스톡에 생명력을 불어넣는 방법이 있다. 그것은 바로 다른 사람이 흉내 낼 수 없는 나만의 이야기를 버무리는 것이다.

앞서 나는 'How'를 모으기 위해 세계 각지로 인터뷰를 하러 다녔다고 말했다. 인터뷰 일화는 물론 그렇게 얻은 방법을 실천한 경험은 모두 나만의 독자적인 이야기다. 콘텐츠는 베낄 수 있어도 이야기는 결코 베낄 수 없다.

그렇다면 비즈니스와 관련된 이야기는 어떻게 만들어 낼까? 간단하다. 성과를 추구하는 것이다. 아무나 쉽게 달성할 수 없는 수치로 드러나는 성과가 가장 설득력 높다. 비즈니스 세계에서는 성과를 내는 이의 이야기에만 귀를 기울일 뿐 그렇지 않은 사람의 이야기는 귓등으로 흘려듣는다. 고객이 손에 넣고 싶은 것은 결과이니 말이다.

장문을 쓰면 자신의 숙달도를 확실히 파악할 수 있다

◇◇◇

학습 사이클을 꾸준히 돌린 사람은 책을 직접 써 봐도 좋다. 자신의 이름과 전문성을 널리 알릴 기회이며 학습을 심화하는 효과도 있다. 호흡이 긴 글을 써 보면 자신이 해당 주제를 얼마나 깊이 파악하고 있는지 알 수 있다. 스스로 통달해야 쉽게 핵심을 전달하는 좋은 문장을 쓸 수 있다. 단순히 노하우만을 열거하는 문장에서는 연륜이 배어나지 않는다. 본인과 고객의 실천 사례, 성공 사례를 더하면 전달력을 한층 높일 수 있다.

책을 직접 쓴다는 것은 당신의 지식이 체계를 갖추고 있으며 실현성 또한 높다는 사실을 증명한다. 나는 정기적으로 책을 쓰는 것을 아예 목표로 삼고 있다. 사업 홍보나 인세를 노리고 하는 일이 아니다. 오로지 나의 가치를 높여 성장하기 위함이다.

'10억 공부법'을 담은 이 책은 몇 년 전에 기획했다. 목차도 잡고 표지도 직접 디자인했다. 그러나 당시 내가 10억 원 플레이어가 아니었기 때문에 내용을 자세히 쓸 수 없었다. 10억 원 플레이어로 활약하는 인물들을 백방으로 찾아다니며 질문을 거듭했고 지식 기반을 탄탄하게 쌓아 나갔다.

뚜렷한 실적이 없는 상태에서 늘어놓는 이야기는 뜬구름 잡기에 불과해 출판할 가치를 인정받지 못한다. 출판사는 단순히 잡학 다식한 사람을 원하지 않는다. 저자와 고객의 실제적인 성과가 드러나 현실성이 높다고 판단될 때 비로소 독자에게 유용한 책으로 평가받는다. 8장에서 나와 고객들의 사례를 확인할 수 있다.

작가의 꿈을 지금 당장 버킷리스트에 추가하자. 나는 지금《1인 경영으로 100억 올리는 시스템 만들기》라는 제목의 책을 준비하고 있다. 2019년 6월 시점에서는 아직 기획안이 통과되지 않았다. 그러나 언젠가 빛을 볼 날이 오리라 믿는다.

설사 채택이 안 된다 해도 부모와 스승, 상사에게 질타받을 일도 없다. 나는 다른 사람의 인생을 사는 게 아니기 때문이다. 다른 사람의 시선에 구속받는 인생을 살지도 않는다. 내 인생의 주체는 오직 나다. 이것이 내가 인생이라는 게임을 즐기는 방법이다. 그리고 내가 바로 설 때 게임도 제대로 굴러가기 시작한다.

우리는 모두 주인공이다. 차원을 뛰어넘는 과제를 스스로에게 부여하고 필요한 지식과 정보, 그리고 뜻이 맞는 인연들을 모은다. 즐기면서 배우고 실천하며 인생 게임을 공략해 나간다. 이 과정을 1인 미디어를 통해 널리 퍼뜨리면 국내를 비롯해 세계 도처에서 나에게 공감하는 동료들이 모여든다.

나 역시 책을 출간하자 전 세계에 동료들이 생겼다. 지금 당장 꿈이 실현되지는 않겠지만 지금 당장 꿈을 결단하는 일은 가능하다.
결단하고 꿈을 이루는 공부를 지금 당장 시작하자.

CHAPTER 6

돈 버는 근육을 기르는
4단계 학습 사이클

지금부터 나오는 4단계 학습 사이클을 최소 1년간 지속하겠
노라 결단을 내리자. 그러지 못할 거면 처음부터 손대지 않
는 편이 낫다. 끈기 없이는 10억 원 플레이어가 될 수 없다.
쉽고 빠르게 이루어지는 것은 가치가 낮다. 결단의 진정성은
난관에 부딪혔을 때, 그리고 다른 사람에게 비판받을 때 명
확히 드러난다. 십중팔구는 중도 포기한다. 그러나 한번씩
찾아오는 고비와 비판을 극복한다면 반드시 10억 원 플레이
어가 될 수 있다.

수익이 늘지 않는 것은
당신 잘못이 아니다

나는 현재 1인 사업가를 주 고객으로 비즈니스 컨설턴트로 활동하고 있다. 매년 일본 전역에서 100여 명의 프리랜서와 회사원, 기업가들이 나의 강의를 듣는다. 최근에는 해외에서 내 강의를 듣는 사람들도 늘었다. 미국, 유럽 각지, 심지어 미얀마에도 수강생이 있다. 내 강의는 온라인 학습과 이메일 피드백을 중심으로 운영되기 때문에 시차도 상관없다.

어떻게 이렇게 다양한 지역에서 많은 사람들이 찾아오는지 생각해 보면 답은 간단하다. 성과가 나오기 때문이다. 수강생들의 수익이 늘어나는 비결은 '성과가 나오는 학습 구조'에 있다. 내가 대신 수익을 올려 주는 일은 절대 없다. 그건 교육이 아니라 대행 사업에 지나지 않는다. 수강생들은 온라인에 기반한 선독학 후수강 학습법을 통해 스스로 성과를 일군다.

기성 교육이 '지식 비만증'을 부른다

선독학 후수강 학습법을 본격적으로 설명하기에 앞서 획일화된 기성 교육이 얼마나 비효율적인지 짚고 넘어가자.

기성 교육의 일반적인 수업 형태는 이렇다. 교실 칠판에 매번 똑같은 내용을 쓰고 지우기를 반복하는 선생님과 그 내용을 그대로 받아쓰는 학생이 존재한다. 학생은 집에 돌아가 학교에서 배운 내용을 복습하고 적용하는 숙제를 한다. 숙제를 하다가 막히면 다음 수업을 따라가지 못한다. 진도에 쫓기는 선생님은 학생을 일일이 챙길 여력이 없다.

사회인을 위한 연수나 세미나도 사정은 마찬가지다. 강연장에 가서 강사의 이야기를 듣기만 하는 것으로 끝난다. 쌍방향이 아닌 일방적 소통이다. 그룹 활동을 마련하는 세미나도 더러 있지만 구색 맞추기에 가깝다. 그리고 대부분 세미나를 마치고 친목을 다진다는 구실로 뒤풀이를 한다. 술을 마시다 보면 그날 배운 지식이 몽땅 날아간다. 머릿속에 남는 건 메인 고기 요리가 식은 채로 나와 질겼다는 기억뿐이다. 밤 늦게 귀가했으니 이튿날 업무 수행력이 떨어져 성과도 나오지 않는다.

일부 세미나 강사는 세미나의 만족도를 올리는 데 혈안이다. 대량의 지식, 최신 노하우, 심리적 고양감, 명함 교환으로 표면적 인맥 형성이 주된 관심사다.

많은 사람이 공감하리라 생각한다. 이것이 기성 교육 스타일이다. 배우면 배울수록 돈과 시간을 낭비하고 가난해진다.

당신의 수입은 고객에게 제공하는 가치에 비례한다. 대부분의 세미나 강연장에는 고객이 존재하지 않는다. 세미나에 당신의 수입을 올릴 요소는 애초부터 없던 것이다. 그곳에서 무엇을 한들 당신의 수입은 올라가지 않는다. 일방적인 지식 전달형 세미나에는 고객 가치를 구현하는 아이디어를 구상할 여유가 없다. 핵심은 기존의 공부 방식으로는 여간해서는 수입이 늘어나지 않는다는 것이다.

기성 교육은 지식이나 정보를 전달하는 데 집중할 뿐 성과를 내도록 지원하는 사후 관리에는 소홀하다. 학생의 성과에 초점을 맞추면 아무래도 교육 서비스를 제공하는 측의 부담이 가중될 테니 성과와 무관한 부분을 주로 다루는지도 모른다. 이렇듯 실속 없는 기성 교육에 회의를 느낀 나는 수강생이 실질적인 성과를 얻도록 하는 선독학 후수강형 비즈니스 교육을 지향하고 있다.

공부법만 바꿨을 뿐인데

2장에서 언급한 바 있듯이 선독학 후수강 학습법이란 수강식 학습과 자율 학습의 순서를 뒤바꾸는 방법이다. 학생은 수업 전에 온라인 강의를 시청하고 기본 지식을 익히는 자율 학습을 한다. 그리고 수업에서는 강사에게 과제에 대한 피드백을 받거나, 다른 수강생과 그룹 토론을 하는 것이다. 예습은 필수이며 적극적으로 자기 목소리를 내야 한다. 그렇기에 기성 교육보다 학습 효과가 클 수밖에 없다.

공부를 좋아하는 사람은 2가지 유형으로 나뉜다. 공부해도 가난한 사람과 공부할수록 부유해지는 사람이다. 타고난 자질의 차이가 아니라 '공부법'에서 비롯된 차이라고 단언할 수 있다. 나야말로 공부법만 바꿨을 뿐인데 수입이 백 배 넘게 늘었기 때문이다. 특별한 사례가 아니다. 8장에 사례로 실린 네 사람은 물론 새로운 10억원 플레이어들이 속속 등장하고 있다.

사실 수입 증가에 실질적인 도움을 주는 배움터가 그리 많지 않은 것이 현실이다. 그러므로 나만의 학습 시스템을 스스로 만드는 것이 중요하다. 이어서 소개하는 '돈 버는 근육을 기르는 4단계 학습 사이클'을 바탕으로 자신에게 딱 맞는 학습 시스템을 만들어 보자.

돈 버는 근육을 기르는
4단계 학습 사이클

돈 버는 근육을 기르는 4단계 학습 사이클은 3명의 주요 인물을 중심축으로 돌아간다.

고객

학습 사이클의 시작점은 '고객의 행복과 성공'이다. 고객은 자신에게 행복과 성공을 안겨 주는 결과에 돈을 쓰기 때문이다. 다이어트라면 '체중 감량'이, 비즈니스라면 '안정적인 수익 창출'이 원하는 결과가 될 것이다. 그게 무엇이든지 고객 성공을 실현하기 위해서 공부해야 한다. 공부해서 고객에게 원하는 가치를 안겨 줄 수 있을 때 수입은 늘어나기 시작한다.

멘토

10억 원 플레이어가 목표라면 10억 원 플레이어로 활약하는 인물을 멘토로 삼는 것이 가장 좋다. 당신의 주위에는 10억 원 플레이어가 있는가?

2장에서 설명한 대로 멘토와 관계를 맺는 방식은 여러 가지다. 우선 10억 원 플레이어를 찾아내 정기적인 피드백을 받을 수 있는 관계를 맺는다. 무보수 노동·롤모델·고문 계약·상호 멘토 가운데 적당한 방법을 선택해 10억 원 플레이어와 교류하자.

멘토는 등반 길잡이와 같은 존재다. 당신이 오르려는 산의 정상을 이미 정복한 사람인 만큼 등반 지식과 경험치 면에서 당신보다 월등히 뛰어나다. 그러므로 그런 사람에게 정기적으로 피드백을 받을 수 있는 관계를 맺는 것을 가장 먼저 해야 한다. 당신의 경제 상황이 어떻든 상관없다. 진정으로 10억 원 플레이어가 되겠노라 결단하고 상대에게 득이 되는 관계를 용감하게 제안하면 된다. 시급 9000원짜리 아르바이트를 뛰며 억만장자 사장 밑에서 배우던 시절, 나는 사장에게 필요한 PPT를 제작하고 크고 작은 뒤치다꺼리를 도맡아 처리했다.

나

지금부터 나오는 4단계 학습을 최소 1년간은 지속하겠노라 결단하자. 그러지 못할 거면 처음부터 손대지 않는 편이 낫다. 끈기 없이는 10억 원 플레이어가 될 수 없다. 쉽고 빠르게 이루어지는 것은 그만큼 가치가 낮은 법이다.

앞서 언급했듯이 결단의 진정성은 난관에 부딪혔을 때, 그리고 다른 사람에게 비판받을 때 명확히 드러난다. 십중팔구는 중도 포기할 것이다. 그러나 한 번씩 찾아오는 고비와 주변의 비판을 극복한다면 반드시 10억 원 플레이어가 될 수 있다.

돈 버는 근육을 기르는 4단계 학습 사이클

혼자서

❶ 공부하기

- 책과 온라인 학습
- 강연 참석 전 사전 지식을 반드시 익힌다.

❸ 실천하기

- 성공 노트에 쓴 내용을 실천한다.
- PDCA 체크리스트로 실천한 사항을 점검한다.

멘토와 함께

❷ 적용하기

- 성공 노트에 고객을 어떻게 성공으로 이끌지 쓴다.
- 강사와 성과를 거둔 사람에게 확인받는다.

❹ 피드백 받기

- PDCA와 현재 상태를 설명한다.
- 각 분야의 멘토 또는 강사에게 질문하고 피드백을 받는다.

1단계 | **공부하기**

⟡

사전 지식 없이 무작정 강연을 들으러 가지 말고 먼저 책이나 교재, 온라인 강의를 활용해 공부하자. 이러한 방식은 반복 학습도 얼마든지 가능하니 효율성이 훨씬 높다. 인터넷이 눈부시게 발달한 오늘날에 일방적인 지식 전달형 강연은 구시대적인 방식이다. 손가락 사이로 모래가 빠져나가듯 지식이 머리를 스쳐가는 수준에 그치니 응용도, 실천도 할 수 없다. 당연히 기대할 성과도 없다.

저자의 사례 1: 법인 컨설팅

컨설턴트로 창업할 당시 타깃 고객을 '연 매출액 20억 원 이상의 교육 회사'로 정했다. 나 자신이 그 업계의 소비자이기도 했고 연 매출액 100억 원 규모의 교육 회사에서 일한 경력도 있었다. 그 근무 경력은 여러모로 교육 회사에 대해 공부할 수 있었던 가치 있는 경험이었다. 그리고 가깝게 지내던 대표의 조언을 구해 고객 성공을 정의했다. '마케팅과 인재 양성 시스템 구축을 통해 연 매출액을 20억에서 100억으로 성장시키기'라면 고객의 구미를 충분히 당길 수 있다고 생각했다. 그러고 나서 필요한 지식을 배우기 시작했다. 실행한 사항은 다음과 같다.

- 과거 경험을 되돌아본다.
- 전문 서적(마케팅·인재 양성 관련)을 읽는다.
- 연 매출액이 100억 원 이상인 회사를 성공적으로 운영하는 사장들을 인터뷰한다.

그리고 5장에서 설명한 성공 노트 작성법 4단계 중 1~3단계를 밟은 후에 지식 습득에 주력했다.

① 타깃 고객을 찾고 고객의 성공을 정의한다.
② 성공 공식을 만들고 성과 지표를 설정한다.
③ 고객 성공에 필요한 전문 분야를 설정한다.
④ 고객 성공의 관점에서 인풋과 아웃풋을 반복한다.

① 타깃 고객을 찾고 고객의 성공을 정의한다

마케팅과 인재 양성 시스템 구축을 통해 연 매출액을 20억에서 100억으로 성장시킨다.

② 성공 공식을 만들고 성과 지표를 설정한다

연간 총매출액 = 단가 × 고객 수 × 지속한 개월 수

③ 고객 성공에 필요한 전문 분야를 설정한다

- 단가 향상
- 고객 수 향상
- 지속율 향상
- 마케팅 담당자 교육 시스템 구축

고객 회사의 연 매출액 100억 원 달성을 위해 단가 향상, 고객 수 향상, 지속율 향상, 마케팅 담당자 교육 시스템 구축이라는 영역을 설정하고 필요한 지식을 늘려나갔다.

저자의 사례 2: 개인사업자를 위한 비즈니스 아카데미

법인 컨설팅 사업이 안정기에 접어들었을 때쯤 나의 경험을 바탕으로 개인사업자를 위한 비즈니스 경영 아카데미를 개설했다.

① 타깃 고객을 찾고 고객의 성공을 정의한다

교육형 비즈니스를 활용해 1인 경영으로 연 매출액 10억 원을 달성한다.

② 성공 공식을 만들고 성과 지표를 설정한다

- 독자 프로그램 개발

- 모객 시스템화
- 선독학 후수강 기반 온라인 학습
- 목표 달성 관리

③ 고객 성공에 필요한 전문 분야를 설정한다

- 독자 프로그램 개발
- 모객 시스템화
- 선독학 후수강 기반 온라인 학습
- 목표 달성 관리

'교육형 비즈니스로 3개월 안에 무일푼에서 1000만 원을 달성하는 프로그램' 개발, 모객 시스템화, 선독학 후수강 기반의 온라인 학습, 목표 달성 관리라는 영역을 설정하고 경험이 없는 분야는 책과 온라인 강의 등으로 필요한 지식을 습득했다.

2단계 | 적용하기: 성공 노트 활용하기

자, 이제 성공 노트를 작성할 차례다. 지식을 배우는 1단계만으로는 구체적인 행동이 이어지지 않는다. 당신의 고객을 성공으로 이끄는 정보들을 1인 미디어인 '성공 노트'에 정리해 나가자.

나의 경우 종이 노트에 적은 내용을 웹 미디어상에 정리해 올리고, 세부 지식은 음성 뉴스레터로 발송하고 있다. 특히 예전에는 글을 쓰는 것보다 말로 하는 편이 한결 매끄러웠기에 날마다 공부한 내용을 음성 뉴스레터로 만들어 발송했다.

하루 단위의 뉴스레터는 자잘한 토막 정보이므로 한 달 단위로 취합하여 체계를 갖춘 기사 형태로 작성했다. 또한 내가 목표한 수치를 달성한 사람들과 정기적으로 함께 시간을 보내면서 궁금한 내용을 질문하고 성공 노트의 여백을 메꿔 나갔다.

지식은 다른 사람에게 전달해도 사라지지 않는다. 성공한 사람일수록 고객, 혹은 미래의 고객을 대하는 마음으로 열심히 배우려고 하는 이에게 도움의 손길을 내민다.

저자의 사례 1: 법인 컨설팅

나는 컨설팅 사업 운영에 대해 배운 경험이 없었기에 전문 지도자에게 교육을 받고 실력 있는 강사들에게 '고객의 성과를 끌어내는 기술'을 배웠다. 그리고 연 매출액 100억 원대의 교육 회사 대표들을 찾아가 비즈니스 모델에 관한 조언을 구하고 그렇게 배운 것들을 응용했다.

저자의 사례 2 : 개인사업자를 위한 비즈니스 아카데미

법인 컨설팅에서 성과가 나올 즈음에 개인사업자를 위한 교육형 비즈니스를 개설했다. 교육형 비즈니스는 일대 다수로 성과를 내는 방식이기에 일대일 컨설팅과는 다른 전략을 짜야 했다. 때문에 교육형 비즈니스에 해박한 전문 지도자에게 교육을 받았고 그 내용을 나의 사정에 맞게 응용해 나갔다.

3단계 | 실천하기 : PDCA 체크리스트 활용하기

성과를 내는 전략과 계획을 성공 노트에 정리했다면 이제는 실천할 차례다. 매일매일 행동으로 옮기고 PDCA 체크리스트로 점검하는 것이 포인트다. 최근 화두로 떠오르는 생각하는 힘은 PDCA를 통해 얼마든지 기를 수 있다.

매일 작성한 PDCA를 비즈니스 커뮤니티에 공유하는 일이 나의 일과다. 공유 환경을 마련하고 강제성을 부여하면 스스로를 관리하는 데 도움이 된다. 운영자로서 모범을 보여 커뮤니티 회원들의 의욕을 고취하려는 의도도 있다.

참고로 내가 운영하는 커뮤니티는 PDCA의 C, 즉 Check 항목과 관련하여 365일 24시간 이메일을 통해 운영진과 과제 해결을 논의할 수 있는 상담 시스템을 갖추고 있다. 스스로 생각한 해법을 덧붙이면 성과를 도출하는 사고력은 물론 유연성까지 기를 수 있다. 마땅한 해법을 찾지 못한 경우에는 질문만 보내도 상관없다. 이처럼 과제 해결을 철저히 지원하는 것도 성과가 나오는 이유 중의 하나다.

저자의 PDCA 일지

2020.10.01

Plan 당신의 목표·목적·계획은?

목표
- 성과 : 월 1000만 원 달성자 100명
- 고객 수 : THEONE200, 플래티넘 회원 40명

목적
- 사업주의 자기실현을 추구한다

계획
- 성과 : 월 1000만 원 달성자 100명 50/100
- THE ONE : 매월 10명씩 가입 150/200

DO 오늘 무엇을 실천했는가?

- 개별 컨설팅
- 이메일 상담
- 콘텐츠 제작
- 저자 대담 (○○씨)
- PDCA 일지 작성

Check 잘한 점과 개선점은?

잘한 점
- 성과 보고가 지난달보다 늘었다
- 프로그램 개발 구성이 체계화되었다

개선점
- 1000만 원 달성을 위해 주 1회 Zoom 회의 실시

Action 내일 행동 계획은?

- 이메일 상담
- 전략 회의
- 오토 Webinar 검토
- PDCA 일지 작성

저자의 사례 1: 법인 컨설팅

다음은 '마케팅과 인재 양성 시스템 구축을 통해 연 매출액 20억 원에서 100억 원으로 성장시키기'를 위한 성과 지표다.

연간 총매출액 = 단가 × 고객 수 × 지속한 개월 수

위 공식을 매달 지켜보면서 '어떻게 하면 수치를 개선할 수 있을까?'를 자문자답하고 아이디어를 실행해 나갔다.

지식을 얻는 1단계와 응용하는 2단계는 이론 영역에 머물러 있다. 3단계 실천으로 이어지는 성과만이 진짜다. 저녁때마다 PDCA 일지를 쓰면서 우직하게 밀고 나갔다.

PDCA를 통해 성과가 나오기 시작하면 엄청난 자신감이 붙는다. 평범한 사람인 나도 성과를 낼 수 있다는 생각이 들자 자유를 손에 넣은 듯한 기분이 들었다.

저자의 사례 2: 개인사업자를 위한 비즈니스 아카데미

내가 개설한 비즈니스 아카데미는 '성과 도출', 즉 '매출 증대'를 최우선 과제로 삼고 있다. 이를 위해 성과 지표를 투명하게 공개하고 누가 어디까지 발전했는지 분명하게 밝힌다.

나는 매일 어떻게 하면 성과 지표들을 달성할 수 있을지 고민한

다. 그리고 저녁때마다 PDCA 일지를 쓰고 다음 날 아이디어를 실행하는 사이클을 반복한다. 그 결과 연간 50명 이상의 회원들이 무일푼에서 월 1000만 원, 그리고 연간 3억 원에서 10억 원에 달하는 수익을 올리게 되었으며 달성률에 가속도가 붙고 있다.

4단계 | 피드백 받기

동기 부여 면에서나 과제 해결 면에서나 성과를 거두는 사람에게 정기적으로 피드백을 받는 일은 중요하다.

당신이 승부처로 삼은 분야에서 성과를 내는 인물의 피드백을 통해 당신의 목표와 현실의 간극을 탄탄하게 메울 수 있다.

단, 단순히 알고 지내는 사람의 피드백은 듣지 않는 편이 낫다. 창업 경험이 없는 사람의 창업 조언, 비만인 사람의 다이어트 조언은 도움이 되기는커녕 방해만 된다. 인간은 자기 합리화에 익숙하고 자기변호에 뛰어난 존재다. 이를테면 '창업은 위험하다'라는 생각은 창업에 뛰어들지 못하는 소극적인 자신을 옹호하는 태도에서 나온다. 그러니 피드백은 '실제로 성과를 내는 사람'에게 받도록 하자.

그래서 나는 비즈니스 아카데미를 개설하면서 이메일로 피드백을 주고받는 시스템을 마련했다.

'공부하기 → 적용하기 → 실천하기 → 피드백 받기'라는 4단계 학습 사이클을 꾸준히 돌리는 사람은 성공에 대한 독자적인 정의를 내리고, 끊임없이 배우고, 과제 해결력을 길러 나갈 수 있을 것이다.

저자의 사례 1: 법인 컨설팅

나는 고객의 기밀 사항을 보호하는 선에서 10억 원 플레이어로 활약하는 사장들과 컨설턴트들에게 정기적인 피드백을 받았다. 길잡이 역할을 하는 멘토는 적재적소에 시의적절한 피드백을 제공한다.

멘토뿐 아니라 고객에게서도 정기적인 피드백을 받았다. '나는 고객을 성공으로 이끌고 있는가?' 끊임없이 되물으며 성과 지표를 확인하고 고객을 응대했다.

고객은 배움의 원천이다. 고객의 피드백에 민감하게 반응하는 한 비즈니스 사업가로서의 유효기간이 만료되는 일은 없을 것이다.

비즈니스의 고비는 성과가 지지부진할 때 찾아온다. 정체기일수록 고객에게 부지런히 피드백을 받자. 그렇지 않으면 회복하지 못하고 계약도, 인연도 전부 잃는다. 외면하고 싶은 현실을 마주해야 돌파구를 찾을 수 있다.

저자의 사례 2: 개인사업자를 위한 비즈니스 아카데미

나는 몇몇 교육 회사 대표와 코칭을 주고받으며 노하우를 공유하고, 사업 확장 경험이 풍부한 경영 컨설턴트와 상의하면서 아카데미의 프로그램을 개선하고 있다. 수강생들을 대상으로 설문 조사를 실시하거나 인터뷰를 통해 피드백을 받기도 했다.

나에게 비즈니스란 고객을 성공으로 이끄는 것이다. 고객의 성공이 나에게 성공을 가져다주기 때문이다.

지금까지 돈 버는 근육을 기르는 4단계 학습 사이클에 대해 설명했다. 당신은 당신의 시간을 어떻게 배분하고 4단계 중 어디에 가장 큰 비중을 두고 있는가? 만약 지식을 배우는 1단계에 치중하고 있다면 머잖아 '지식 비만증'에 걸리고 말 것이다. 성과를 내는 사람들은 4단계 학습 사이클을 균형 있게 회전시킨다. 4단계 학습 사이클을 부지런히 돌리면서 돈 버는 근육을 단련하자.

CHAPTER 7

10억 원 플레이어로
거듭나는 커리어 전략

어떤 콘텐츠라도 교육 서비스화하여 팔 수 있다. 지금 교육
서비스는 서비스 내용과 대상을 무한대로 확장해 나가고 있
으며 장기적으로 유용성을 인정받아 전망도 밝다. 교육 서
비스를 사고 팔 수 있는 플랫폼이 다양하게 생기는 동시에
많은 사람들이 활발하게 이용하고 있는 현상을 보면 알 수
있다. 여기서 유의할 점은 식품에 유통기한이 존재하는 것
처럼 서비스에도 유효기간이 존재한다는 것이다.

지식을 교육 콘텐츠로
만들어 팔자

평범했던 내가 10억 원 플레이어가 될 수 있었던 이유 중 하나는 내 전문 분야를 교육 콘텐츠로 만들어 팔았기 때문이다.

누구나 남들보다 더 잘 아는 분야가 있다. 평소 취미로 즐기는 것일 수도 있고 직업과 관련된 일일 수도 있다. 이처럼 자신의 전문 분야를 교육 콘텐츠로 만들어 팔 수 있다. 세상에는 배우고자 하는 사람, 특정 정보를 필요로 하는 사람이 언제나 있기 때문이다. 당신이 교육 관련 종사자가 아니라도 전혀 상관없다. 어떤 콘텐츠라도 교육 서비스화하여 팔 수 있다. 지금 교육 서비스는 서비스 내용과 대상을 무한대로 확장해 나가고 있으며 장기적으로 유용성을 인정받아 전망도 밝다. 교육 콘텐츠를 사고팔 수 있는 플랫폼이 다양하게 생기는 동시에 많은 사람들이 활발하게 이용하고 있는 현상을 보면 알 수 있다.

여기서 유의할 점은 식품에 유통기한이 존재하는 것처럼 서비스에도 유효기간이 존재한다는 것이다. 그렇다면 당신이라는 상품을 어떻게 오랫동안 잘 팔겠는가. 유효기간이 임박해서 헐값에 땡처리를 하게 놔둬서는 안 될 노릇이다.

유효기간이 만료되는 사람, 만료되지 않는 사람

한정된 유효기간을 늘리는 비결이 있다. 인간의 불변하는 욕구를 파악하는 것이다.

예를 들어 대부분의 사람은 휴대전화를 2~3년마다 교체한다. 휴대전화의 교체 주기, 즉 유효기간은 2~3년이다. 그렇지만 현대 사회에서 휴대전화는 필수품이 되었다. 사람들은 끝없이 다른 사람들과 연결되고 싶어 한다. 새로운 단말기가 계속해서 팔려 나가는 이유다.

이쯤에서 인간의 욕구를 파악하는 데 유용한 도구를 하나 소개하려고 한다. 미국의 심리학자 에이브러햄 매슬로(Abraham H. Maslow)가 내놓은 '욕구 5단계 이론'이다.

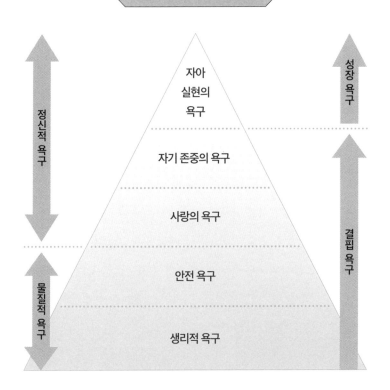

매슬로의 욕구 5단계 이론

성장 욕구

정신적 욕구

물질적 욕구

결핍 욕구

자아
실현의
욕구

자기 존중의 욕구

사랑의 욕구

안전 욕구

생리적 욕구

· 생리적 욕구 : 배고프다, 졸리다
· 안전 욕구 : 안전한 장소에서 살고 싶다
· 사랑의 욕구 : 소속감을 느끼고 싶다, 반려자를 만나고 싶다
· 자기 존중의 욕구 : 상사와 부하 직원, 고객에게 인정받고 싶다
· 자아실현의 욕구 : 꿈을 실현하고 싶다, 성장하고 싶다

매슬로의 이론에 따르면 인간의 욕구는 5가지로 나뉘며, 하위 욕구부터 차례로 충족시키면서 상위 욕구를 향해 나아간다고 한다.

예를 들어 패스트푸드는 맨 아래층의 생리적 욕구를 충족시킨다. 그래서 값이 저렴하다. 반면에 시간당 가격이 비싸게 책정되는 대표적인 상품으로 웨딩 상품이 있다. 사람에 따라서는 하루에 수천만 원을 쓰기도 한다. 어째서 그토록 비싼 값을 치를까? 웨딩 프로그램은 자아실현의 욕구를 충족시키는 상품이기 때문이다.

이처럼 상위 욕구를 충족시킬수록 당신의 상품성은 높아진다. 다시 말해 고객의 상위 욕구를 지속적으로 충족시키면 수입이 계속 들어온다는 뜻이다. 고객 1인당 매출은 '단가×지속 기간'으로 구할 수 있다. 상위 욕구를 지속적으로 충족시키면 고액을 지불하는 장기 고객을 유치할 수 있다. 고객의 불변하는 욕구, 상위 욕구를 지속적으로 충족시켜 수익을 끌어올리자.

고객×장기 지속 = 수익 최대화

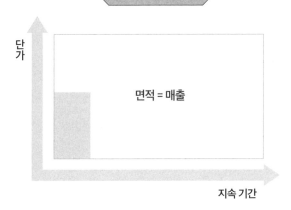

면적 = 매출

단가

지속 기간

교육 서비스화로 불변하는 욕구를 파악하자

매슬로의 주장에 따르면 인간의 욕구는 물질적 욕구(생리적 욕구·
안전 욕구)와 정신적 욕구(사랑의 욕구·자기 존중의 욕구·자아실현의
욕구)로 나뉜다.

물질적 욕구는 식사와 같이 한 번 제공하면 일정 시간 충족된다.
배가 부르면 저절로 숟가락을 놓게 된다. 반면에 정신적 욕구에는
끝이 없다. 그리고 인간은 상위 욕구에 해당하는 정신적 욕구를 채
우기 위해서라면 흔쾌히 지갑을 연다.

이를테면 비즈니스 아카데미의 연간 학비는 1000만 원을 훌쩍

넘는다. 비슷한 금액대의 영어 프로그램도 있다. 값비싼 수강료를 지불하면서 등록하는 까닭은 무엇일까? 자신의 꿈을 실현하고 싶은 욕구를 채우기 위해서다.

비즈니스 아카데미와 영어 프로그램이야말로 교육 서비스의 대표적인 사례다. 자신의 사업이 교육과 아무 관련이 없다고 해도 괜찮다. 당신이 어떤 업종에 종사하든지 교육 서비스화로 고객의 상위 욕구가 무엇인지 파악하는 방법을 소개할 테니 말이다.

당신의 지식을
교육 콘텐츠로 만드는 5가지 방법

본업에서 얻은 노하우와 지식을 사람들에게 가르쳐서 제2의 수익 사업으로 삼는 사람들이 있다. 다음 페이지에 나오는 표를 보면 왼쪽이 본업이고 오른쪽이 제2의 수익 사업인 교육형 비즈니스다. 교육형 비즈니스란 강의, 컨설팅, 온라인 아카데미 등의 교육 관련 비즈니스를 총칭하는 말이다.

요즘 들어 사내 인재 교육은 최소화하고, 사외 인재 양성에 주력하는 사람들이 생겨나고 있다. 급여를 주면서 의욕 없는 사원의 사기를 북돋는 일은 그야말로 헛수고다. 사원은 뒷바라지할 가족이 아닐뿐더러 종신 고용 시대는 이미 막을 내렸다.

교육형 비즈니스 모델

와인 도매업 ⟶	와인 강의
사진관 ⟶	사진 온라인 아카데미
통역가 ⟶	비즈니스 영어 코치
웹 디자이너 ⟶	웹 디자인 학원
카피라이터 ⟶	브랜드 컨설턴트
영업 사원 ⟶	영업 연수 트레이너
네일 아티스트 ⟶	네일 아트 아카데미
메이크업 아티스트 ⟶	메이크업 아카데미
심리상담가 ⟶	심리학 온라인 강의
작가 ⟶	작가 아카데미
주부 ⟶	양육 상담가

| 회사원 | ⟶ | 경력 컨설턴트 |

| 마케팅 담당자 | ⟶ | 마케팅 컨설턴트 |

회사 밖에서 교육형 비즈니스를 굴리면 돈을 지불하면서 자발적으로 배우러 오는 이들과 만날 수 있다. 매니지먼트가 달리 필요 없다. 게다가 성장한 수강생에게 업무를 맡길 수도 있고, 수강생을 프로젝트 멤버로 영입할 수도 있다.

구체적인 교육형 비즈니스 구축법은 전작 《나의 가치를 최대화하는 기술》에 상세히 담았다. 이 책 후반부에 나올 4명의 10억 원 플레이어의 사례를 통해 확인하겠지만 비즈니스 모델을 제대로 구축하면 본업×교육형 비즈니스로 10억 원 플레이어가 될 수 있다.

지금부터 당신을 10억 원 플레이어로 만들어 줄 5가지 커리어 전략을 소개하겠다. 이 5가지 전략을 의식적으로 실천하면 당신의 보수는 올라간다. 평균 수명 100세 시대에 은퇴를 고민하거나 노동력을 헐값에 넘길 필요 없이 직업의 유효기간을 무기한 연장할 수 있다.

전략 1	마케팅 & 세일즈
전략 2	고객 성공
전략 3	브랜딩
전략 4	그룹 만들기(채용 & 교육)
전략 5	커뮤니티화

전략 1 | **마케팅&세일즈**

◇

서비스를 판매하기 전에 상대에게 유용한 정보와 지식을 제공하는 것은 이제 마케팅과 세일즈의 기본이다. 고객에게 일방적으로 구애하는 영업은 낡은 방식이 되었다.

한때 나는 모객과 영업 때문에 힘들고 고된 시기를 보냈다. 대학을 졸업하고 회사에 갓 들어가자마자 넘겨받은 것이 전화번호부였다. 상사의 지시에 따라 전화기에 불이 나도록 텔레마케팅 영업을 하고 인근 회사에 기습적으로 방문했다. 생각 없이 기계처럼 지시 사항을 수행했다. 그야말로 사고를 마비시키는 업무였다. 발로 뛰고 땀을 흘렸지만 아무런 계약도 따내지 못했다. 내가 고객 입장이었어도 계약하지 않았을 것이다. 갑작스레 전화를 걸고 난데없이 찾아가는 행동에 고객이 호의적으로 반응할 리가 없었다. 지금 생각해도 내 형편 차리기에 급급한 지극히 자기중심적인 영업이 었다.

아니다 싶으면 바로 끊는 것이 나의 신조다. 구시대적인 영업 방식을 고수하는 직장을 과감히 박차고 나오자 새로운 길이 열렸다. 홀로서기를 하고 교육 서비스 중심의 마케팅과 세일즈를 하자 유망 고객들과 줄줄이 연결되었다. 텔레마케팅과 방문 영업은 아예 하지 않았다.

구체적으로는 5장에서 설명한 성공 노트를 블로그에 올리고 유용한 정보를 무료로 공개했다. 전자책을 만들고 온라인 세미나를 영상 자료로 제작하여 고객에게 유용한 정보를 계속해서 제공했다. 처음에는 아무런 반응이 없었으나 수개월이 지나자 차츰차츰 문의가 들어오기 시작했다.

지식이 무료화되는 흐름이지만 여전히 지식은 필요하다. 전문지식을 매개로 전문가와 고객이 만나기 때문이다. 이것이 바로 고객과의 접촉을 늘리는 교육형 마케팅이다. 현재 책과 유튜브, 블로그를 통해 나의 분신들이 연중무휴로 시차 상관없이 일하고 있다. 고객들도 자기 편의에 맞게 정보를 수집하니 서로에게 이롭다.

교육형 마케팅을 실천하면 100여 명의 영업 사원을 둔 회사의 영업력을 혼자서도 쉽게 뛰어넘을 수 있다. 그리고 좋은 고객들과 인연이 닿아 사업 상담도 순조롭게 진행된다.

나는 현재 온라인 위주로 상담을 하고 있다. 꾸준히 업데이트한 성공 노트를 바탕으로 고객의 과제를 관리하고 해법을 제시하니 계약 성사율이 높아진다. 게다가 고객을 직접 응대하는 수고로움도 덜었다. 담당 직원이 나의 해설 동영상을 재생하면서 상담을 진행하기 때문이다. 그 덕분에 마케팅과 세일즈에 많은 시간을 할애하지 않고도 전 세계 사람들과 사업을 논의할 수 있게 되었다. 이것이 교육형 세일즈다. 고객들을 찾아 세계 방방곡곡을 발로 뛰는 생각을 하면 눈앞이 아찔하다.

이는 나의 편의는 물론이고 고객의 편의까지 아울러 추구할 수 있는 방식이며, '고객과 나의 유한한 인생(시간)을 허비하지 않겠다'라는 생각에 기반한 원원 마케팅&세일즈다. 사람은 자기 일에는 갈피를 못 잡아도, 고객의 일에는 어떻게든 방법을 찾기에 고객 중심의 교육형 마케팅&세일즈가 더없이 중요하다.

전략 2 | **고객 성공**

나의 비즈니스 활동은 크게 마케팅과 고객 성공으로 나뉜다.

마케팅 분야의 성과 지표는 다음과 같다.

- 신규 계약 건수
- 기사 게재 수
- 인지도 확대

이 성과 지표 달성을 목표로 인풋과 아웃풋을 반복하면서 집필과 세미나를 병행했다.

다이어트와 비즈니스는 아주 흡사하다. 다이어트를 할 때는 매일같이 체중을 재고 '어떻게 하면 체중이 줄어들까?'란 물음으로 PDCA를 반복하면 체중을 감량할 수 있다. 비즈니스도 매일같이 성과 지표를 지켜보며 '어떻게 하면 수치가 개선될까?'란 물음으로 PDCA를 반복하면 성과가 나온다.

수많은 마케터들이 그저 판매에 치중한다. 판매 못지않게 구매자 입장을 헤아리는 것이 마케팅의 출발점이다. 요즘 새롭게 떠오르는 구독 비즈니스도 이러한 고객 성공의 관점에서 착안한 발상이다. 그래서 나는 마케팅과 더불어 고객 성공을 중시한다.

고객 성공의 성과 지표는 다음과 같다.

- 성과를 거둔 고객의 수
- 지속 기간

구독 비즈니스는 당신과 고객이 대등하게 이점을 누릴 수 있는 비즈니스 모델이다. 고객은 꾸준히 돈을 지불하는 대신 서비스를 활용해 자신의 행복과 성공을 추구한다. 고객이 서비스를 오랫동안 유용하게 활용할수록 당신의 수입은 계속 늘어난다. 그러나 당신이 어떤 서비스 혹은 어떤 콘텐츠를 팔든 고객의 활용도가 낮으면 계약은 해지된다.

장기 비즈니스 파트너십의 핵심은 교육 서비스화다. 즉 계약을 길게 이어가기 위해서는 고객에게 지속적으로 유용함을 제공해야 한다는 것이다. 나는 고객 성공의 성과 지표로 '성과를 거둔 고객의 수'와 '지속 기간'을 설정하고, 날마다 고객을 위해 공부하고 교육 콘텐츠를 제공했다. 그 결과 한 번 인연을 맺은 고객과 장기적으로 파트너십을 공유하게 되었고 뒤따라 사업의 수익성도 올라갔다. 고객 성공을 추구하면서, 그리고 고객과 직접 소통하면서 얻은 귀중한 가르침을 피드백 삼아 마케팅을 개선해 나간 것이다.

이처럼 나의 지식과 노하우를 통해 고객의 성공을 유도하는 것이 교육형 비즈니스의 핵심이다. 그리고 이 방법이 자신의 유효기간을 무기한 연장하는 비결이다.

교육형 비즈니스 : 마케팅 ⇄ 고객 성공

전략 3 | **브랜딩**

비즈니스 세계에서는 나이와 상관없이 누구나 프로가 될 수 있다. 프로와 달리 아마추어는 무언가를 취미로 즐기는 사람이다. 그리고 아마추어 수준으로는 돈을 벌기 어렵다. 그렇다면 프로는 무엇인가? '성과를 내는 사람'이다. 고객과 약속한 성과를 내는 사람을 프로라고 부른다.

고객에게 성과를 내는 사람으로 인식되면 당신의 주가는 올라간다. 서비스나 콘텐츠의 가격이 비싸도 고객의 선택을 받는다. 내 시간을 팔며 일하는 방식을 벗어던진 지 오래지만, 내 시급의 변화를 굳이 계산해 보자면 9000원에서 200만 원으로 뛰어올랐다.

강의와 컨설팅으로 거두는 연 수입이 12억 원(실제로는 더 높으나 단순 계산을 위해 정한 수치)이니 평균 월수입이 1억 원이다. 한 달에 열흘 일하니 일급으로 따지면 1000만 원, 하루에 5시간 일하니 시급으로 따지면 200만 원이다. 밑바닥을 찍었던 시점에서 222배 급증한 금액이고 이 또한 해마다 경신되고 있다.

소득이 이처럼 가파르게 늘어난 데는 브랜딩의 힘이 컸다. 고객 성공을 추구하고 실질적인 성과를 내며 평판과 신망을 쌓았다.

나의 공식 사이트에 마련된 '고객의 목소리' 코너에는 수십 건의 게시물이 올라와 있다. 사이트를 방문해 후기를 꼼꼼히 살핀 고객들은 '성과를 안겨 주는 전문가'라는 확신을 얻고 고가의 서비스를 구매한다.

예전에 남미로 2주간 여행을 갔다. 남미는 처음 가는 데다 치안이 좋지 않다는 인터넷 정보가 많았다. 생명을 담보로 하는 여행은 하고 싶지 않아 적잖은 금액을 지불하고 남미 전문 여행 회사에 의뢰했다. 그때 선택한 여행사는 '안전하고 쾌적하게 남미 여행을 즐기고 싶다면 단연 이 회사다'라는 브랜드 이미지를 가지고 있었다. 홈페이지에 올라온 여행객들의 생생한 후기, 전문 정보, 고객 만족도와 같은 지표에서 그런 이미지가 엿보였다. 또한 남미에 관한 정보를 상시 업데이트하고 있어 더욱 믿음이 갔다.

이렇게 나 혹은 회사의 브랜드 이미지는 고객에게 직접적이고 결정적인 영향을 끼친다.

전략 4 | 그룹 만들기 (채용&교육)

◇

이제 채용과 교육은 대가를 치르고 실시하는 것이 아니라 외려 대가를 받고 실시하는 흐름으로 나아가고 있다.

나의 비즈니스 커뮤니티에는 웹 디자이너 양성 강의를 운영하면서 우수한 수강생들에게 업무를 위탁하고, 소규모 팀을 구성하여 큰 프로젝트를 진행하는 회원이 있다. 업무 위탁 형태라 매니지먼트할 필요가 없다. 위탁하는 입장에서는 시원찮으면 맡기지 않고, 위탁받는 입장에서는 내키지 않으면 일을 하지 않을 선택권이 있으니 대등한 협력 관계를 맺을 수 있다.

나의 경우 성과를 낸 수강생과 파트너십을 맺는다. 성과가 나오는 수강생은 웬만한 정식 영업 사원보다 판매력이 높다. 왜냐하면 그들은 영업이 아니라 소개를 하기 때문이다. 내가 제공한 서비스를 직접 돈을 지불하고 만족스럽게 체험하고 나서 다른 이에게 소개하는 것이다. 그만큼 부드러운 설득력을 지닌다. 자기 일에 자부심을 느끼는 사람은 무기력하고 수동적인 사람과 어울리려 하지 않는다. 나 역시 그런 사람에게는 시간을 쏟지 않는다. 그 결과 자발성과 호기심을 갖춘 구성원들이 뭉친 커뮤니티가 탄생하게 되었다.

교육형 비즈니스를 통해 채용과 교육을 실시하면 능동적인 그룹을 형성하기 쉽다. 소규모 그룹을 만들어 대형 프로젝트에 착수할 수도 있다.

전략 5 | **커뮤니티화**

⋄⋄⋄

인간의 불변하는 욕구, 끝없는 욕구를 파악하는 것이 직업의 유효 기간을 무기한 연장하는 비결이다. 대부분의 인간은 소속감을 느끼고 싶어 한다. 당신의 고객과 그룹원도 마찬가지다. 억만금을 손에 쥐어도 유대감을 느낄 존재가 없다면 공허할 것이다.

앞에서 10억 공부법의 키워드 가운데 하나로 '학습과 성장의 커뮤니티'를 언급했다. 인간에게 성장은 가장 높은 차원의 욕구다. 정신적·경제적으로 기반을 다진 사람이 성장 욕구를 충족시키기 위해 형성하는 것이 커뮤니티다. 커뮤니티 형성의 핵심은 미션, 비전, 가치를 명확히 설정하고 이에 합의하는 사람들을 모으는 것이다.

- 미션: 무엇을 위한 커뮤니티인가?
- 비전: 지향점은 무엇인가?
- 가치: 중시하는 가치관은 무엇인가?

SNS상에서 일어나는 분란은 가치관이 다른 사람들이 일으키는 교통사고와 같다. 돼지고기를 싫어하는 사람에게 돼지고기를 들이밀면 화를 낸다. 돼지고기가 아무리 맛있더라도 그건 선의가 될 수 없다. 특히 SNS와 같은 개방형 환경에서 기호와 가치관의 차이에서 비롯되는 분란이 일어나기 쉽다.

그러나 미션·비전·가치에 합의한 폐쇄형 커뮤니티에서는 분란의 소지가 현저히 줄어든다. 내가 운영하는 비즈니스 커뮤니티는 철저히 성과에 몰두하는 분위기다. 그런 분위기를 만족스럽게 여기는 사람들이 제 발로 찾아오기 때문에 스스럼없이 교류할 수 있다.

나만의 유토피아를 창조하는 방법은 당신이 이상을 세워 깃발을 꽂고, 이에 공감하는 사람들을 끌어모아 커뮤니티를 만드는 것이다. 이러한 커뮤니티에서 비롯된 비즈니스는 고용인과 피고용인의 관계가 아니라 공감과 전문성에 기반한 협력적 관계로 발전한다.

· CHAPTER8 ·

10억 공부법으로
10억 원 플레이어가 된 사람들

비즈니스에서는 고객의 성공과 자신의 성공을 동일시해야 한다. 자기가 지어놓은 행복의 고치 속에 틀어박히면 고객과의 소통은 단절되고 수입은 절대 늘어나지 않는다. 그러나 거기서 나오기만 하면 평범한 사람을 억만장자로 만들어주는 것도 비즈니스의 힘이다. 이제 더 이상 사소한 행복으로 도피하지 마라. 굳센 의지와 끈기로 무장하고 경제적 성공을 목표로 부자의 세계에 뛰어들 때다.

01

소소한 행복으로
도피하지 마라

행복은 혼자서도 충분히 누릴 수 있다. 지금 머무는 곳에서 혼자 술잔을 기울이며 소소한 행복을 누리는 건 어렵지 않은 일이다.

그러나 경제적 성공은 혼자서 실현할 수 없다. 경제적 이익은 다른 사람에게 그가 필요로 하는 도움을 줄 때 발생하기 때문이다. 그 타인이 곧 당신의 고객이 된다.

경제적 성공을 바라는 한 친구가 어느 비즈니스 세미나에 다녀오더니 뿌듯한 목소리로 말했다. "돈이 전부가 아니고 지금의 행복이 제일 소중하다는 걸 깨달았어."

그 마음은 충분히 이해하지만 거기에서 만족하면 경제적 성공은 다음 생에서나 이룰 수 있을 것이다. 그 친구에게 "그래서 앞으로 어떻게 할 거야?"라고 물으니 "그건 아직 모르겠어"라는 대답이 돌아왔다. 나는 작은 것을 얻기 위해 큰 것을 포기하지 말라고 충고해 주었다.

사실 가르치는 입장에서는 무척이나 편하다. 책이든 세미나든 독자와 수강생에게 경제적 성공이라는 실질적인 성과는 안겨 주기 어렵지만 일시적인 행복감을 주기는 쉽기 때문이다.

진정 얻고 싶은 결과에 집중하지 않으면 목표를 달성할 수 없다. 고객을 직접 상대하지 않고 책과 공부를 도피처로 삼는 이들을 위한 쓴소리다. 비즈니스에서는 고객의 성공과 자신의 성공을 동일시해야 한다. 자기가 지어놓은 행복의 고치 속에 틀어박히면 고객과의 소통은 단절되고 수입은 절대 늘어나지 않는다.

02

10억 공부법으로
10억 원 플레이어가 된 사람들

마지막으로 10억 공부법의 핵심인 고객 중심의 공부를 실천하고 사업에 적용하여 비즈니스계에서 맹활약하는 인물 4명을 소개하려 한다. 이들은 자신의 성공이 아닌 고객의 성공을 추구하고, 사회의 과제를 해결하는 행보를 거침없이 이어가고 있다.

내가 새로운 일을 시작할 때 반드시 하는 일이 있다. 다른 이의 성공담을 읽고서 미래의 내 모습을 이미지로 그리는 것이다. 머릿속에 성공 이미지를 그리는 자기암시형 이미지 트레이닝을 거치면 생각을 행동으로 옮기기 한층 쉬워진다.

이 책에서 지식을 얻었다 해도 실천하지 않는다면 아무 일도 일어나지 않는다. 앞으로 소개할 10억 원 플레이어들의 실제 사례를 읽고 이 성공담들을 머릿속에 입력하자. 성공한 미래를 상상할 수 있다면 그 미래를 창조할 수 있다.

사례 1 | 브랜드 컨설팅 사업 경영인 에가미 다카오 씨

에가미 다카오 씨는 내놓는 비즈니스 서적마다 연달아 히트시킨 각광받는 브랜드 컨설턴트다.

에가미 씨는 광고 회사에서 카피라이터 겸 크리에이티브 디렉터로 역량을 발휘하다가 아내의 지병을 계기로 오랫동안 몸담고 있던 회사에서 나오기로 마음먹었다. 그리고 나서 본인의 광고 크리에이티브 회사를 설립했다.

에가미 씨가 강조하는 업무 철학 중 하나가 '고객의 기대를 뛰어넘는 것'이다. 고객이 무엇을 원하는지, 무엇을 필요로 하는지 수시로 파악하고 상대가 기대하는 것 이상을 제공하기 위해 노력한다. 그의 사무실과 자택에는 폭넓은 분야의 장서가 구비되어 있다. 그는 전문성을 갈고닦으며 언제나 고객 성공을 지향하는 공부를 게을리하지 않는다.

에가미 씨의 저서《THE VISION》에는 국내외의 다양한 기업을 분석한 자료와 기업의 경쟁력을 높이는 노하우가 담겨 있다. 책을 읽다 보면 저자의 어마어마한 공부량에 감탄하게 된다. 그는 비전, 콘셉트, 브랜딩, 마케팅 분야에서 생겨나는 지난한 물음에 고민을 거듭하는 왕성한 정신력과 호기심을 겸비한 인물이다.

에가미 씨는 초창기에 광고 제작 위주로 회사를 운영했으나, 거래처의 수가 한정적이고 에가미 씨의 시간이 효율적으로 쓰이지 못한다는 단점이 있었다. 그리하여 고객 중심의 마인드셋과 노하우를 체계적으로 공부할 수 있는 프로그램을 개발했다. 현재는 이 프로그램을 집중적으로 펼치는 컨설팅 회사와 광고 제작 회사를 굴리면서 집필과 경영 아카데미 운영을 병행하고 있다.

에가미 씨는 업계에서도 알아주는 광고 제작자라 작업비가 매우 비싸 개인사업자가 의뢰하기 힘들다. 최근 광고 업계의 단가가 점점 내려가는 추세임에도 에가미 씨 회사의 고객 수와 단가는 상승세를 타고 있다. '고객의 기대를 뛰어넘는다'라는 업무 철학에 기반하여 고객의 성공을 추구하고 폭넓게 학습하며 역량을 업데이트하기 때문이다. 에가미 씨는 고객의 과제 해결을 위한 공부는 물론이고 더 나아가 일본의 국가 브랜딩을 개발하기 위한 공부에도 매진하고 있다. 그런 에가미 씨를 보면서 세상을 고민하고 살필 줄 아는 자에게 가장 많은 수익이 돌아간다는 사실을 절실히 깨달았다.

사례 2 | 건강 사업 경영인 와타나베 시게루 씨

와타나베 시게루 씨는 20년간 예방의학 회사를 운영하면서 현재 헬스 컨설턴트로 활약하고 있다.

20년 동안 약제사로 일한 경력을 살려 올바른 예방의학의 보급에 뜻을 두고 회사를 설립했다. 그리고 약을 전혀 쓰지 않고도 건강해지는 '체온 상승 디톡스&다이어트 프로그램'을 개발했다. 프로그램 체험 후 석 달간 체온이 36.5도 이상 유지되는 효험을 본 사례자가 속속 나오면서 입소문을 타고 일본 전역에서 사람들이 모여들고 있다.

체온이 올라가면 장내 환경이 개선되어 효소의 활동력이 올라간다고 한다. 면역력이 높아지고 덤으로 다이어트 효과까지 볼 수 있다는 것이다. 와타나베 씨 또한 굉장한 동안인 데다 신체 나이가 열 살이나 젊다고 한다. 본인이 만든 프로그램 덕을 보고 있는 셈이다.

와타나베 씨는 오랫동안 의료계에 종사하면서 환자의 건강을 돌봐 왔다. 40여 년간 '어떻게 하면 사람이 건강하게 살 수 있을까'를 고민하며 고객 성공을 추구했다. 초창기에는 연구에 몰두하다가 방향을 틀어 약에 의존하지 않는 건강법을 공부하기 시작했다. 그때 한 공부와 실천이 이 건강 프로그램의 밑바탕이 되었다.

와타나베 씨는 현재 건강을 보조하는 헬스 컨설턴트 육성 시스템 구축으로 시야를 넓혀 국민 건강 증진에 힘쓰고 있다. 단순히 의료 수익을 목표로 하는 사람과 고객이 면역력 높은 건강한 신체 갖는 것을 목표로 하는 사람의 눈높이는 하늘과 땅 차이다. 와타나베 씨는 '예방의학 혁명으로 사람들에게 미소를 선사하자'라는 뜻을 세우고 눈앞의 고객을 살필 뿐 아니라 의료비 부담이 커져 가는 사회 문제를 해결하기 위해 힘쓰고 있다.

자신과 주변의 건강을 함께 챙기는 활동에 동참하는 이들이 늘어나 더없이 즐겁다고 그는 말한다. 10억 원 플레이어에게는 멀리, 그리고 길게 내다볼 줄 아는 지혜가 있다.

사례 3 | **경영 지원 사업 경영인 가쓰마타 도루 씨**

가쓰마타 도루 씨는 경영 시스템 지원 사업을 한다.

그는 '고수익 소규모 비즈니스 뒤에는 가쓰마타 도루가 있다!'라는 말이 있을 만큼 수많은 경영인을 지원해 왔다. 가쓰마타 씨에 따르면 경영하는 당사자가 가장 자신 있는, 돈이 되는 일을 하는 시간 (이그제큐티브 타임·비공식 개인 시간)을 확보하여 파고들면 수익이 올라간다고 한다. 동시에 경영자의 개인적인 삶도 확보할 수 있다.

이제까지 외주 지원 위주의 사업을 운영했으나 현재는 시스템 경영 강의를 개설하고 경영자 교육에 힘쓰고 있다. 예전에 가고시마에서 열린 세미나에 가쓰마타 씨와 동행했는데, 전날에 후쿠오카에서 팀원들과 시간을 보냈다고 했다. 게다가 바쁜 와중에 가족과도 많은 시간을 함께 보내니 주위에서 가쓰마타 씨는 대체 언제 일하느냐며 궁금해하는 듯했다. 고수익 기업과 직원들의 행복을 추구하는 시스템을 만드는 가쓰마타 씨의 능력이 대단하게 느껴졌다.

규모가 작은 회사는 변화에 신속히 대응하는 유연성이 강점이므로 장래에 적합하다. 앞으로 가쓰마타 씨의 비즈니스 커뮤니티에서 경제적·시간적 자유와 행복을 얻는 경영인들이 많이 배출되리라 확신한다.

사례 4 | 전직 회사원이자 프리터족이었던 M. K. 씨

◇◦◇

마지막으로 회사원과 프리터족 생활을 청산하고 10억 원 플레이어가 된 사람의 이야기다.

그는 대학을 졸업하고 교육 관련 회사에 들어가 경영인을 위한 비즈니스 교육 사업의 영업부에서 근무했다. 그가 '경영인의 고민을 해결하고 싶다'라는 생각을 품게 된 것은 부친의 영향이 컸다.

부친은 사이타마현에서 2대째 제조업을 운영하는 경영인이었다. '세무사 자격증을 취득해 경영 컨설턴트가 되는 것'이 꿈이었지만 집안 사정으로 조부의 회사를 물려받아 2019년 현재까지 50년 넘게 제조업에 몸담고 있다. 부친은 술을 마시면 당신의 못다 이룬 꿈을 이야기하곤 했다. 그는 다른 건 몰라도 부친과 모친의 바람만큼은 빠짐없이 기억하고 있었다. 그리고 그 바람을 이뤄드리겠노라고 마음먹었다.

부모가 바라는 것은 사업의 성공과 가족의 행복이었다. 그는 유년 시절부터 어떻게 하면 부모의 바람을 이룰 수 있을지 고민했다. 그가 졸업한 고교에는 고등학교로서는 드물게 졸업 논문 제도가 있었다. 그의 졸업 논문의 주제는 '맥도널드의 경영 전략'이었다. 교내 성적은 평균이었지만 졸업 논문 성적은 최상위권에 속했다. 고등학생이었지만 나름대로 비즈니스를 진지하게 배우려고 했다. 그 의식의 밑바탕에는 '아버지에게 성공을 안겨드리고 싶다', '어머니에게 행복을 안겨드리고 싶다'라는 생각이 깔려 있었다.

고교 졸업 후 단지 IT 분야가 유망하다는 이유로 이공학부의 정보통신학과에 진학했다. 그러나 '경영인의 고민을 해결하고 싶다'라는 생각에 서점에서 우연히 집어 든 비즈니스 서적을 읽고 큰 감명을 받아 그 저자가 경영하는 회사에 들어갔다. 신규 영업직인 탓에 문전박대당하기 일쑤였지만 간혹가다 경영인의 진지한 고민과

당면한 과제가 무엇인지 들을 기회를 얻기도 했다.

당시 그의 성공 노트에는 고교 시절 논문부터 시작해 영업 생활 중에 남긴 메모, 사내 교육과 책을 통해 배운 내용이 모두 담겨 있었다.

그러나 자기중심적인 생각과 사사로운 욕심에 휘둘려 회사가 추구하는 비전과 자신의 목표 사이에서 균형을 잡지 못하고 결국 퇴사했다. 이후 외주 업무를 전전했으나 종국에는 일감이 떨어져 아르바이트로 생계를 유지하는 프리터족이 되었다. 당시 그는 고객의 성공이 아닌, 자신의 성공만을 파고들었다.

엄청난 공부량에도 불구하고 커리어와 수입이 바닥을 치던 무렵, 한 억만장자와 만나면서 공부 노선를 완전히 다른 방향으로 틀게 되었다. 고객 중심의 성공 노트를 새로이 쓰고 내용을 알기 쉽게 편집해 고객이 될 만한 사람들에게 발송했다. 그러자 법인 고문 계약이 연이어 성사되며 컨설턴트 보수로 3억 원을 받게 되었다. 더 나아가 개인사업자를 위한 비즈니스 아카데미를 개설하고 10억 원 이상의 연 수입을 올렸다. 현재 멋진 프로젝트 그룹을 만나 개인 사업자용 비즈니스 플랫폼 구축에 힘쓰고 있다.

그는 자신의 인생을 돌아보다가 문득 몇 사람의 얼굴을 떠올렸다. 부모와 조부모였다. 그의 조부모도 사업가였다. 그는 유년 시절부터 어떻게 하면 아버지와 어머니, 할아버지와 할머니가 행복해

질지 스스로에게 되물었다. 잠시 잊고 지낸 시기도 있었다. 사방팔방 튀는 폭죽처럼 열정은 있으나 열정의 방향을 예측할 수 없는 불투명한 시기도 있었다. 그렇지만 초심을 다시 일깨워 인생의 출발점으로 삼았다.

그는 부모와 조부모에게 행복을 안겨 드리기 위해 공부했다. 학교 공부든 사회인이 되고 나서 시작한 공부든 마찬가지였다. 지금은 부모와 조부모를 위하는 마음으로 전국의 경영인들을 지원하는 데 힘을 쏟고 있다.

지금까지 얘기한 네 번째 사례는 바로 나의 이야기다. 책을 쓰기 전에는 이런 결론에 도달하리라고 전혀 예상하지 못했다. 본의 아니게 가족에 대한 애정을 깨닫는 계기가 되었다. 부모님과는 이런 저런 일들이 많았는데 조금은 미화된 듯싶다. 하지만 거짓은 없다.

나의 인생을 돌아보건대 이 말이 진실임을 확신한다.

'사람은 자기 일에는 갈피를 못 잡아도, 고객의 일에는 어떻게든 방법을 찾기 마련이다.'

내 주변의 10억 원 플레이어들은 고객뿐 아니라 사회를 생각한다. 한평생을 걸고도 이루기 어려운 아주 큰 꿈이라 해도 그들은 되묻고 배우기를 멈추지 않는다.

일생을 걸고 행복과 성공을 안겨 주고 싶은 고객이 정해질 때 비로소 진정한 비즈니스의 길이 열린다. 그 길 위에서 10억 원 플레이어가 된 당신을 발견할 수 있을 것이다.

에필로그

이 책을 관통하는 핵심은 돈을 부르는 공부법이다. 무엇보다도 '고객의 성공을 함께 실현하는 동반자'로 거듭나야 한다는 사실을 잊어서는 안 된다. 서비스에는 유효기간이 있지만 고객 성공에는 무한대의 가능성이 있다.

또한 비즈니스에서는 지속 가능성이 중요하다. 당신이 바라는 것은 잠깐 스쳐 지나가는 횡재가 아닌 장기적인 경제적 풍요로움이다. 단발성 수익을 바란다면 팔고 끝내는 일회성 비즈니스로 충분하다. 그러나 이런 비즈니스를 하다가 신뢰를 땅에 떨어뜨린 사람들을 숱하게 봤다. 반면 고객의 성공을 부단히 도우면 당신은 장기적으로 수익을 올릴 수 있다. 이것이 고객 성공과 구독 비즈니스 모델의 관계다.

이 책에서 소개한 공부법을 지속하면 학습과 신뢰의 커뮤니티가 확장된다. 나는 해마다 100여 명의 신입 회원이 들어오는 비즈니스 커뮤니티를 운영하고 있다. 이 커뮤니티 안에서 회원들은 배운 내용을 공유하고 협업하며 비즈니스 거래를 한다. 처음에 혼자서 시작했던 학습 사이클이 수백 명 단위로 늘어나 학습과 신뢰의 경제권이 확장되었다.

나는 윗사람에게 일방적으로 지시를 받는 수직적 전달 체계에 늘 반감을 품고 있었다. 이런 구조 속에서 회사에 의해 나의 성취동기와 업무를 관리받아야 한다는 것도 탐탁지 않았다. 홀로서기를 결심했으나 개인의 힘에는 한계가 있었다. 그래서 공동체 경제권을 구축함으로써 누구나 대등한 관계 속에서 함께 배우고 성장하며 비즈니스 거래까지도 할 수 있는 환경을 마련했다.

나는 사람이든 회사든 억지로 고쳐 쓰려 하지 않는다. 변화를 갈구하는 사람들이 자발적으로 모여들면 결과적으로 나 자신이 바뀌고 주변 사람이 바뀌고 커뮤니티라는 작은 사회가 만들어진다. 돈은 다른 사람에게 주면 수중에서 사라진다. 그러나 지혜와 인맥은 다른 사람과 나누어도 사라지기는커녕 모두에게 득이 된다. 앞으로도 이런 공유 경제를 즐기며 이타적인 경제 활동을 확대해 나갈 것이다.

이 책은 이즈코겐이라는 지역에서 4박 5일간 단식 합숙을 하면서 집필했다. 매일 아침 여섯 시에 일어나 명상을 하고 틈틈이 쉬어 가면서 하루에 13시간씩 글을 썼다. 인터넷 연결은 끊고 스마트폰의 전원도 껐다. 예전에 업계의 전설로 통하는 한 편집자에게 "작가가 되려면 온종일 문장을 붙잡고 있어야 한다"라는 말을 들은 적이 있다. 당시에는 '난 도저히 안 되겠구나'라고 생각했다. 그러나 인간은 결단하면 해내는 존재다. 잘하는 사람의 방식을 모방하면 더욱 쉽다. 이번 경험을 통해 집필과 디지털 디톡스라는 두 마리 토끼를 모두 잡고 한층 성장할 수 있었다.

당신에게는 무한한 잠재력이 있다. 잠재력의 꽃을 피우지 못하고 사장되느냐, 세상 빛을 보느냐는 지금부터 당신이 하는 행동에 달려 있다. 성공을 위해 멈추지 않는다면 실패는 없다.

지금 당장 시작하는 것이 성공에 도달하는 시간을 단축시키는 방법이다. 10억 공부법을 실천하여 당신이 누릴 수 있는 최고의 인생을 살기를 바란다. 그리고 성공을 거둔 그날 다른 이에게 이 방법을 전파하자. 당신을 중심으로 지혜와 신뢰의 커뮤니티가 확장될 것이라 믿어 의심치 않는다.

2019년 6월, 신록의 이즈코겐에서
고바야시 마사야

10억 공부법

초판 1쇄 인쇄   2020년 10월 19일
초판 1쇄 발행   2020년 10월 26일

지은이   고바야시 마사야
옮긴이   김복희

편집인   이기웅
책임편집   곽세라
편집   주소림, 김혜영, 한의진
디자인   최윤선, 정효진
책임마케팅   정재훈, 김서연
마케팅   유인철
경영지원   김희애, 최선화
제작   제이오

펴낸이   유귀선
펴낸곳   ㈜바이포엠
출판등록   제2020-000145호(2020년 6월 9일)
주소   서울시 마포구 와우산로29마길 27 3층
이메일   odr@studioodr.com

ⓒ 고바야시 마사야

ISBN   979-11-91043-06-8 (03320)

스튜디오오드리는 ㈜바이포엠의 출판브랜드입니다.

이 도서의 국립중앙도서관 출판예정도서목록(CIP)은 서지정보유통지원시스템 홈페이지(http://seoji.nl.go.kr)와 국가자료종합목록 구축시스템(http://kolis-net.nl.go.kr)에서 이용하실 수 있습니다. (CIP2020042577)